distracción
FATAL

distracción
FATAL

JOYCE L. RODGERS

Vida
DEDICADOS A LA EXCELENCIA

La misión de *Editorial Vida* es proporcionar los recursos necesarios a fin de alcanzar a las personas para Jesucristo y ayudarlas a crecer en su fe.

© 2004 Editorial Vida
Miami, Florida

Publicado en inglés bajo el título:
Fatal Distractions
por Charisma House
© 2003 por Joyce L. Rodgers

Traducción: *Marcela Robaina*

Edición: *Madeline Díaz*

Diseño interior: *Grupo Nivel Uno, Inc.*

Adaptación de cubierta: *Grupo Nivel Uno, Inc.*

Reservados todos los derechos

ISBN: 0-8297-3477-5

Categoría: Vida cristiana/ Mujeres

Impreso en Estados Unidos de América
Printed in the United States of America

05 06 07 08 09 ❖ 06 05 04 03 02

Que Dios nuestro Padre y el Señor Jesucristo
les concedan gracia y paz. Doy gracias a mi
Dios cada vez que me acuerdo de ustedes.
En todas mis oraciones por todos ustedes,
siempre oro con alegría.
—Filipenses 1:2-4

Dedico este libro a todos los santos fieles
del cuerpo de Cristo que han apoyado
mi ministerio y a mí.

Doy gracias especialmente a mi amorosa madre,
«Querida Ma», a mi familia, a la comunidad de mi iglesia,
a los amigos especiales y al equipo del ministerio de
Primary Purpose [Propósito primario].

Agradezco la inversión de las señoras
Winfred W. Morris y Michelle Calloway.

Por último, gracias Jesús, por haber convertido
las tragedias de mi vida en triunfos.
Estaré eternamente agradecida.

CONTENIDO

INTRODUCCIÓN

Distracción Fatal

INTRODUCCIÓN

Hay un ataque urdido contra las mujeres de hoy. La Biblia dice que Satanás era «más [astuto] que todos los animales del campo» (Génesis 3:1). Utilizó el engaño para conseguir que Eva desobedeciera, lo que finalmente llevó a la caída, dando entrada al pecado y la muerte en el mundo. En otras palabras, Satanás proporcionó la primera «distracción fatal» y Eva, la madre de la humanidad, cayó en la trampa.

Aun hoy, las mujeres tropiezan con el obstáculo que representan las distracciones fatales. En el libro de Efesios, Pablo sugiere que nos vistamos con toda la armadura de Dios para poder resistir las «artimañas» del diablo (Efesios 6:11). La palabra *artimañas* significa un artificio o estratagema para atrapar o engañar; ardid; maña. Satanás no puede agredirnos abiertamente porque el equilibrio de poderes está en manos del creyente; sin embargo, empleará todos los trucos disponibles para atacar furtivamente y apartarnos de las cosas de Dios.

Nuestro adversario, nuestro «enemigo el diablo ronda como león rugiente, buscando a quién devorar» (1 Pedro 5:8). Según la Biblia, Satanás es un engañador, un mentiroso y el padre de toda mentira (Juan 8:44). Aunque no puede vencernos, es capaz de engañarnos y esgrimir eficazmente su plan de embustes contra el cuerpo de Cristo en general, y contra las mujeres en particular. Sus embustes han arruinado la vida de un sinnúmero de mujeres que deberían haber traído gloria a Dios y victoria al cuerpo de Cristo. Las mujeres de todo lugar están bajo ataque, víctimas de los intentos de nuestro archienemigo por truncar las bendiciones, inutilizar los dones espirituales, trivializar la unción y anular el poder que obra en nosotros para llevar la Palabra de Dios a los sufridos.

La tarea de estos días y esta época es crítica. La nueva urgencia con que Dios nos apremia nos obliga a llevar su evangelio al mundo. La tecnología ha facilitado la transmisión del evangelio. En algunas partes del mundo, como en los Estados Unidos, es posible escuchar el evangelio con solo encender el televisor, visitar la librería cristiana más cercana o encontrar una iglesia en casi todas las esquinas. Hoy en día, las mujeres aprenden más, tienen más oportunidades para el ministerio, y mayor «poder» auténtico en el reino de Dios para contribuir significativamente. Sin embargo, nunca han estado más oprimidas desde el punto de vista financiero, físico, emocional, espiritual y social.

Las mujeres necesitan un toque fresco de Dios y asumir una nueva determinación para que el plan divino en sus vidas no se frustre.

Las mujeres tanto dentro de la iglesia como fuera de la comunidad eclesial luchan contra el consumo abusivo de sustancias y las toxicomanías: desde el alcohol hasta el hábito compulsivo de comer o el abuso de medicamentos. Las mujeres de todas partes sufren enfermedades provocadas por el estrés y las tensiones. La lista de las principales causas de muerte en los Estados Unidos está encabezada por problemas de salud propios de las mujeres.[1] Ellas necesitan en especial ser sanadas, reavivadas, restauradas, renovadas y regeneradas. Necesitan un toque fresco de Dios y asumir una nueva determinación para que el plan divino en sus vidas no se frustre. Oro para que este libro traiga una renovada comprensión de la naturaleza y el propósito de la estrategia enemiga que busca destruir a las mujeres, para que así nos mantengamos firmes contra los embates del enemigo y salgamos victoriosas en el nombre de Cristo.

Capítulo 1

Un minuto antes de la medianoche

Satanás siempre ha sido astuto para engañar, pero ahora, en los últimos días, ha renovado sus ataques. Conforme las mujeres alcanzamos niveles más elevados en nuestro caminar espiritual, nos enfrentamos a nuevos retos. No siempre es fácil llegar a nuevas alturas en Dios: hay un precio que pagar, hay luchas. A medida que nos elevamos más y más en Dios, Satanás planeará ataques estratégicos para derribarnos. Cada altura que logremos en el ascenso estará marcada por diversos intentos para desviarnos del rumbo. ¿Conocen la frase «nuevos diablos para nuevos niveles»? Cuanto más crecemos en las cosas de Dios más profundizamos en su Palabra, más hacemos su voluntad y nos acercamos a su corazón, tanto más Satanás redobla los esfuerzos estratégicos.

El enemigo es específico y no pierde de vista su propósito. Está obsesionado con conseguir sus objetivos. Es implacable y despiadado; hará cualquier cosa por conseguir lo que se propuso. No cejará en su empeño.

El objetivo general de Satanás es apartarnos del «plan de Dios» para nuestra vida: el propósito para el que Dios nos escogió y nos llamó desde «antes de la creación del mundo» (Efesios 1:4).

EL PERÍODO CRÍTICO DE ESPERA

Concibo este «plan de Dios» para nuestras vidas como la hoja de ruta que él presenta a cada persona. Aunque este plan ha sido elaborado para cada individuo, las señales en la ruta son las mismas para todos: hay límites de velocidad claramente señalizados y advertencias de peligro que nos ayudan en el viaje hacia el cumplimiento del propósito de Dios en nuestra vida.

Mujeres, nuestra espera está por terminar. Son las 11:59 de la noche. ¡Falta solo un minuto para la medianoche!

Existe un período crítico entre el anuncio de la bendición de Dios para nosotros y su manifestación. Sin embargo, Satanás aprovecha este período crítico, mientras esperamos el cumplimiento de la promesa, para arreciar sus ataques. Se desespera y su actividad es frenética. Su propósito es distraernos del cumplimiento inminente de la promesa de Dios. Si consigue que desviemos la atención a las «circunstancias» y perdamos de vista la «certeza» de la Palabra de Dios, aun después de velar casi toda la noche, podemos perdernos la bendición: aunque solo falte un minuto para la medianoche.

Mujeres, nuestra espera está por terminar. Son las 11:59 de la noche. ¡Falta solo un minuto para la medianoche!

Cuando echaron a Pablo y Silas en la cárcel por causa de su fe, les sujetaron los pies en el cepo y les encadenaron las manos. Los metieron en el «calabozo interior» de la prisión, la celda más profunda de la cárcel (Hechos 16:16-40). No tenían ninguna escapatoria, pero a las 11:59 de la noche, Pablo y Silas comenzaron un servicio de alabanza y adoración en esa mazmorra... ¡hasta estremecer el calabozo! ¡Alabado sea Dios!

La palabra *medianoche* suele utilizarse la mayor parte del tiempo para referirse al período más oscuro de la noche: la oscuridad más absoluta. Sin embargo, hay otro sentido, como en este caso, en que el término *medianoche* representa el punto de inflexión de una situación negativa.

La palabra *medianoche*, en el caso de Pablo y Silas, representó el momento de liberación, porque a medianoche el ángel del Señor hizo estremecer los cimientos de la cárcel donde ellos estaban presos, y se les soltaron las cadenas (Hechos 16:26).

Para el cristiano con una justa perspectiva, la *medianoche* implica el desenlace inminente. La medianoche representa un nuevo comienzo, ya que el día nuevo comienza oficialmente a las 0:00 horas. Recuerda, las 11:59, un minuto antes de la medianoche, es el tiempo que resta entre el anuncio de la bendición y su manifestación. Irónicamente, a pesar de estar tan próximo el fin del período de espera, es cuando somos más propensos a las distracciones fatales. Nunca hemos estado tan «vulnerables» como justo antes del momento de la bendición.

Abraham y Sara son dos buenos ejemplos del «síndrome del minuto antes de la medianoche». Dios había llamado a Abram de la tierra de Ur de los caldeos para hacer un pacto con él (Génesis 12). Luego Dios, para confirmar su pacto, le cambió el nombre de Abram por Abraham (Génesis 17). La palabra Abraham significa «padre de muchos». Abraham sería el padre de muchas naciones: Dios le prometió un hijo cuando ya era anciano, el hijo de la promesa.

No obstante, después de muchos años de esperar, cuando la noche de la promesa parecía interminable y la posibilidad de tener un hijo cada vez se hacía más remota, Saray se impacientó, tomó a Agar, su esclava, y se la entregó a Abraham para que diera a luz en su lugar. Cansados de esperar, Abraham y Saray pensaron que podían «ayudar» a Dios a cumplir su promesa, pero el hijo que nació de su impaciencia provocó por generaciones más problemas que bendición.

¿Pueden imaginarse la conversación entre Dios y Abraham cuando este último confesó lo que había hecho? ¿Escuchan cómo Abraham le dice a Dios que la noche de espera por la bendición se le había hecho demasiado larga? Sin duda Abraham planteó el hecho de que estaba en el ocaso de su vida: tenía casi cien años y su esposa, Saray, noventa y nueve. La respuesta de Dios, sin embargo, desafiaba toda lógica: «Ciertamente Sara tu mujer te dará a luz un hijo, y llamarás su nombre Isaac ... Mas yo estableceré mi pacto con Isaac, el que Sara te dará a luz por este tiempo el año que viene» (Génesis 17:19,21).

Cuando observamos las crisis en el Medio Oriente, donde hasta el día de hoy los descendientes de Ismael e Isaac están en guerra, es evidente que la distracción de Saray del plan de Dios constituyó una distracción fatal que ha repercutido por más de tres mil años en la noche de los tiempos, trayendo consigo una angustia y un derramamiento de sangre indescriptibles.

DISTRACCIÓN FATAL

Consideremos las definiciones de algunos términos claves, ya que los usaré en este libro. En primer lugar, la palabra *fatal* describe a algo que causa muerte, una cosa desgraciada o funesta; mortal. Implica el proceso que presagia o puede acarrear la muerte.

Una distracción fatal es cualquier cosa que nos disuada del crecimiento y el desarrollo de la fe.

El verbo *distraer*, y su derivado, la palabra *distracción*, tiene muchas acepciones. Distraer, entre otras, significa «ocupar un tiempo con algo de modo grato o placentero», «desviar o apartar la atención de alguien» y «perder alguien la atención o la concentración», tal vez por confusión o por emociones conflictivas.[1] La mayoría de nosotros solemos pensar en estos significados del término distraer, sin embargo, pocos somos los que recordamos que, en sus orígenes, también significaba «perturbar o perder el juicio». Cuando unimos ambas palabras, *distracción* y *fatal*, comenzamos a percibir una verdad aterradora: si nos dejamos distraer por Satanás, podemos desviarnos o apartarnos de nuestra posición espiritual, nuestro destino preordenado e incluso perder de vista nuestro propósito en el reino de Dios. Si nos desviamos de la visión de Dios y tomamos otra dirección, acabaremos extinguiendo nuestro propósito y arruinando nuestro ministerio. Ese es el destino que aguarda a las víctimas de las distracciones fatales.

Una distracción fatal es *cualquier cosa que nos disuada del crecimiento y el desarrollo de la fe.* Puede ser cualquier cosa o persona que impida el desarrollo, el crecimiento, la voluntad y la esperanza de nuestra fe. El enemigo no desea que crezcamos en la fe. Satanás sabe que si tenemos un poco de fe, incluso la potencia de una pequeña «semilla de mostaza», esto basta para mover una montaña (Mateo 17:20).

¡Imagínense lo que una mujer podría hacer con una semilla de fe! Las mujeres son poderosas incubadoras. ¡Tomamos la «semilla» de un hombre y en nueve meses producimos un niño! Piensen en lo que un ejército de luchadoras, unidas con las «semillas» de la fe, podrían hacer contra los bastiones del enemigo. Satanás entiende este poder y no desea que aumentemos nuestra fe ni que la ejercitemos ni caminemos en ella. No desea que infundamos fe para reavivar las cosas muertas que haya en nuestra vida. No desea que tengamos fe, que oremos con fe ni que hablemos en la fe. Pero por sobre todo, no desea que vivamos *en la fe*.

¿Qué hace Satanás para impedir que vivamos en la fe? Nos envía distracciones, porque, entonces, si no estamos bien informadas ni somos sagaces y precavidas, estas pueden convertirse en distracciones fatales.

Atracción fatal

Hay una película cuyo nombre es muy similar al título de
este libro, *Atracción fatal*, y que contiene paralelismos inte-
resantes con el mundo espiritual. Puede servir para clarificar
lo que entendemos por distracciones fatales.

A primera vista, en la trama de la historia vi lo mismo
que todos: un «buen» hombre de familia, Dan Gallagher,
tuvo lo que en su momento consideró solo como una aventura amorosa, casual y consensual con Alex Forrest, una
mujer sofisticada como él. La mujer tenía una personalidad
radiante, era provocativa y atrayente, por lo que el hombre
tiró toda prudencia por la borda y se dio el gusto de un fin
de semana de pasión prohibida. Pensó que su aventura amorosa de fin de semana se limitaba a eso: no sería nada más
que una aventura. Aunque su infidelidad le hacía sentirse
algo culpable, su intención era olvidarse del asunto.
Razonaba que tratándose de dos adultos responsables que
habían tenido una relación sexual de mutuo acuerdo podían ser prácticos y maduros, reconocer y comprender lo
fugaz de su diversión, y seguir cada uno su camino; creía que la mujer
razonaría del mismo modo.

El enemigo nos ataca con el fin de distraernos de nuestro destino espiritual.

Para su consternación, descubrió
que al cabo del fin de semana la mujer
concebía la aventura como el comienzo de una «relación» y que, por lo
tanto, marcharse no sería tan sencillo
y fácil como había supuesto. La mujer comenzó a inmiscuir-
se en su vida con obsesiones cada vez más irracionales.

A medida que la película se desenvolvía, comencé a sen-
tirme cada vez más inquieta al ver los tremendos paralelismos que había con lo que ocurre en el reino espiritual de
nuestra vida. El enemigo nos ataca con el fin de distraernos
de nuestro destino espiritual. No olvidemos que la tragedia

de este hombre comenzó con un encuentro casual. Estaba contento y satisfecho con su vida. Amaba a su mujer y adoraba a su hija. Aparentemente no había ningún motivo para buscar los brazos de otra mujer. Era un hombre seguro y próspero, pero se distrajo (en este caso, con una mujer) y cayó en la trampa. No podía haber previsto el desenlace de ese encuentro. Por el contrario, la distracción era atrayente, el «envoltorio» era hermoso, no había indicio alguno de la personalidad desequilibrada en su interior.

Lo mismo es cierto en nuestra vida con respecto a nuestras propias distracciones fatales. Su naturaleza destructiva solo se vuelve evidente cuando ya estamos completamente atrapados. Al final, en la película, la atracción fatal que la mujer ejerció sobre el hombre fue fatídica: no para él sino para ella. Las distracciones fatales que permitimos en nuestra propia vida nos llevarán a la muerte: a la muerte de la unción, la muerte de los dones y de nuestro llamado, y, si no somos sabios y aplicamos el remedio, al final producirán la muerte del propósito divino para nosotros.

Dan intentó infructuosamente alejar a Alex de su vida, la sobornó, cambió sus números de teléfono y hasta se mudó a otra parte del estado, pero ella lo perseguía porfiadamente a él y su familia, y anunciaba su credo en las líneas más famosas de la película: «¡No permitiré que te olvides de mí!» En otras palabras, se entrometería en su vida hasta obligarlo a hacer algo con ella. Amenazó con destruir todo lo que él más quería hasta que tuvo que reconocer el poder que ella tenía sobre él y que tendría que darle lo que quería si deseaba sobrevivir.

¿Entienden cómo Satanás, el enemigo de nuestras almas, procura introducir distracciones similares en *nuestra* vida? La distracción suele comenzar como algo inocente, tal vez un rasgo infeliz de nuestro carácter que por sí solo no representa nada necesariamente desagradable o destructivo. Sin embargo, con el tiempo, adquiere más poder sobre nosotros hasta que lo que en un principio parecía tan pequeño comienza a apartar nuestra mente del plan, el propósito y el poder de Dios. La relación con Dios y la fe en él se debilitan y, con el tiempo, el proceso culmina y se ha convertido en una distracción fatal en nuestra vida.

En Santiago 1:15 leemos: «Luego, cuando el deseo ha concebido, engendra el pecado [una distracción]; y el pecado, una vez que ha sido consumado, da a luz la muerte [una distracción fatal]». Jesús afirmó:

> Pero las preocupaciones y ansiedades de este mundo y las distracciones de esta época, los placeres, deleites y encantos falsos, y el engaño de las riquezas y muchos otros malos deseos y pasiones entran hasta ahogar y sofocar la palabra, de modo que esta no llega a dar fruto.
> —MARCOS 4:19 (paráfrasis)

Esta paráfrasis del texto es muy clara porque habla de las cosas que pueden encandilarnos y distraernos de la Palabra de Dios. No basta con recibir la Palabra, debemos dedicar el tiempo y esfuerzo necesarios para que la misma sea productiva y llegue a dar fruto en nosotros... y no solo en nosotros, sino que dé fruto también en las personas allegadas. La Palabra debe fructificar de modo que nos inspire a hacer la voluntad de Dios conforme al plan de Dios.

LA PALABRA DE DIOS COMO *RHEMA*

Ahora bien, el enemigo no desea que la Palabra se manifieste en nuestra vida. No desea que la Palabra viva, el *rhema*, se arraigue, brote y dé fruto. Además, no está interesado solo en el *logos*. El *logos* es todo el libro, la Biblia en su totalidad —desde Génesis a Apocalipsis— encarnada en la persona de Jesucristo. El *rhema*, en cambio, se refiere al mensaje de

Dios dirigido específicamente a ti, extraído de entre todo lo demás, semejante a una bala apuntada a tu situación particular y posición en la vida. La palabra *rhema* nos llena de energía e infunde vida en todo nuestro ser y persona, nos da la fuerza y el impulso para reclamar y aferrarnos a las promesas de Dios para nuestra vida.

Jeremías hace referencia a la palabra de Dios como *rhema* cuando dice: «Porque yo sé muy bien los planes que tengo para ustedes afirma el Señor, planes de bienestar y no de calamidad, a fin de darles un futuro y una esperanza» (Jeremías 29:11). ¡Dios ha previsto el final y es bueno! Sin embargo, no podrá hacerse realidad si nos distraemos fatídicamente.

La estrategia de Satanás es robar, matar y destruir la Palabra sembrada en nosotros; no necesariamente nos matará en el acto, pero matará nuestra eficacia en el ministerio, nuestra productividad y la semilla dentro de nosotros. La distracción fatal ha sido diseñada para atacar nuestro crecimiento espiritual. La palabra que Satanás quiere destruir es una palabra de suma importancia: para ti, para tu ministerio y, en última instancia, para todo el cuerpo de Cristo.

> **La palabra *rhema* nos llena de energía e infunde vida en todo nuestro ser y persona, nos da la fuerza y el impulso para reclamar y aferrarnos a las promesas de Dios para nuestra vida.**

NO TODAS LAS DISTRACCIONES SON FATALES

Conviene recordar que no todas las distracciones son fatales. Como mujeres, cuando pasemos por esas etapas, tal vez pensemos que vamos a morir —quizás hasta *deseemos* morir— pero no toda distracción nos provocará la muerte *espiritual*.

En la primera sección de este libro, consideraremos diversas distracciones *externas* que no suelen ser fatales porque se originan fundamentalmente en situaciones exteriores a nuestra vida: problemas que no surgen de nuestro ser interior. En la segunda sección, sin embargo, examinaremos en detalle ocho distracciones *internas* que suelen ser funestas para nuestra vida espiritual. Descubriremos también cómo remediarlas, para que podamos liberarnos de ellas y avanzar en el poder y la unción que Dios ha provisto para nosotros.

Creo que Dios tiene respuestas para las mujeres de todas partes que procuran salir victoriosas de sus luchas. Oro porque las palabras de este libro sirvan para fortalecer el cuerpo de Cristo en todo lugar, dando poder a las mujeres en el ministerio. Hermanas, es hora de liberarnos de nuestras distracciones y concentrarnos, con la mente y el espíritu, en el corazón, los dones y el ministerio que Dios ha diseñado y tiene para nosotras. La victoria y el triunfo te esperan en estas pocas páginas ¡Sigue leyendo!

SECCIÓN 1

DISTRACCIONES NO FATALES

CAPÍTULO 2

Modelo familiares disfuncionales: La herencia de Lea

Modelos familiares disfuncionales: La herencia de Lea

Es una de las historias más poderosas de la Biblia. Contiene todo el drama de una telenovela moderna, aunque por desgracia con ese toque de verdad con que tantas mujeres se identificarán. Es una historia de traiciones, frustración, rivalidad entre hermanos y disfunciones familiares que nada tienen que envidiar a los dramas modernos que se desarrollan en cualquier juzgado. Es la cautivante historia de amor de Raquel y Jacob, pero es también la un tanto patética historia del amor imposible de Lea por Jacob. Sin embargo, al final, es también una historia llena de esperanza y de la fidelidad de Dios.

Si bien los asuntos familiares pueden distraernos, no tienen por qué constituir distracciones *fatales*. Aunque la verdad es que la autoestima de la mujer suele estar ligada a la afirmación del hombre con quien tiene una relación, especialmente si se trata de su marido y están comenzando su propia familia.

La historia de Lea, como tantas otras de las nuestras, comenzó con la generación anterior, con sus padres. En Génesis 29 leemos que Lea era la hija mayor de Labán, y que tenía una hermana menor llamada Raquel.

17

Labán era un rico hacendado de Padán Aram. Su hermana —y por consiguiente, la tía de sus hijas— Rebeca se había casado con Isaac, el hijo de Abraham y, según la profecía, ella llevaría en su seno a dos naciones en guerra. Los mellizos, Esaú y Jacob, nacieron conforme a lo profetizado, primero nació Esaú y luego Jacob, agarrado con la mano al talón de su hermano (Génesis 25:26).

La autoestima de la mujer suele estar ligada a la afirmación del hombre con quien tiene una relación.

Jacob, aunque era el hermano menor, era el preferido de Rebeca, su madre, mientras que el hermano mayor, Esaú, era el preferido del padre, Isaac. La situación favorable a la rivalidad entre hermanos era exacerbada por el comportamiento de los padres. Rebeca fomentaba la inclinación natural de Jacob de ser soplón, astuto, manipulador y taimado, hasta tal punto que Jacob acabó quitándole a Esaú su derecho de primogenitura. Por un tiempo, aparentemente, Jacob había ganado esta «guerra», aunque todo lo que tenía lo conseguía con engaño.

Esaú deseaba vengarse de lo que había perdido; la ira lo consumía y deseaba con justificación la muerte de Jacob. Llegó un momento en que la vida de Jacob corría peligro. Rebeca, entonces, envió a Jacob, su hijo preferido, para que viviera con su hermano, el tío Labán, hasta que cesara la hostilidad entre ambos hermanos. (¡Conviene recordar que habrían de pasar más de veinte años antes de que los hermanos se reencontraran! Algunos asuntos familiares pueden ser distracciones muy prolongadas, aunque no necesariamente fatales.)

Así estaba de tensa la situación familiar cuando Lea y su hermana, Raquel, irrumpieron en la historia. Jacob se fue a vivir a la casa del padre de estas jóvenes y el ciclo de rivalidad entre hermanos se reprodujo... esta vez entre mujeres.

EL MISMO MODELO CONTINÚA...

La descripción que la Biblia nos ofrece acerca de estas dos jóvenes refleja una realidad que muchas mujeres todavía enfrentan. Si Raquel era hermosa y cautivante, Lea era todo lo contrario:

> Lea tenía ojos apagados, mientras que Raquel era una mujer muy hermosa. Como Jacob se había enamorado de Raquel...
> —GÉNESIS 29:17-18

Esta situación suele ser ciertamente una distracción mayor para las mujeres de cualquier época y cultura, pero especialmente en nuestra sociedad moderna. Ninguna mujer en Estados Unidos está conforme con su cuerpo. La prueba está en los negocios cosméticos multimillonarios y los servicios de cirugía plástica. Las mujeres hoy agregan o sacan, resaltan o se tiñen, se transforman, desde el color del cabello hasta los rasgos faciales y las estructuras óseas. Por desgracia, estas posibilidades no estaban disponibles en los tiempos del Antiguo Testamento, y Lea estaba condenada a vivir bajo la sombra de su hermana menor. La Biblia dice que Raquel era «de lindo semblante y de hermoso parecer», de Lea nos dice que tenía «ojos delicados» (Génesis 29:17, RVR60). Esto podría ser una manera de referirse a diversos problemas, tal vez incluso pudiera tener estrabismo; de todos modos, ¡basta con decir que Lea no era tan atractiva como su hermana!

Lea se encargaba de las tareas del hogar y, por lo tanto, pasaba la mayor parte del tiempo dentro de la casa; Raquel, sin embargo, cuidaba las ovejas. Raquel estaba en el campo con los hombres, afuera al sol, posiblemente bronceada y hermosa, sintiéndose cómoda entre los pastores. Fue también así la primera de las hermanas en conocer al primo recién llegado, porque se encontró con Jacob en el pozo. Al instante se sintieron atraídos el uno por el otro, y Jacob se enamoró locamente de ella, pidiendo su mano al poco tiempo. El tío de Jacob, Labán, le concedió la mano de su hija, pero tenía tramado un plan. El plan de Labán era casar primero a la hija mayor, ¡y casarla con Jacob! Puso una condición para entregarle a Raquel: Jacob debía trabajar siete años gratis «a cambio» de su mujer, que él pensaba sería Raquel.

Durante la ceremonia nupcial, una fiesta que duraba varios días y donde se bebía mucho vino, Lea sustituyó a Raquel en el lecho nupcial. Jacob recién se dio cuenta del engaño a la mañana siguiente, pero ya era demasiado tarde. A pesar de enojarse con su suegro cuando se dio cuenta del engaño, sabía que ya era tarde. Sin embargo, Jacob no fue quien resultó más lastimado de esta sustitución: la autoestima de Lea sufrió un duro golpe cuando escuchó la conversación de su padre con su esposo, donde Jacob declarara que no la amaba a ella sino a su hermana, Raquel. Escuchó cómo su padre negociaba con su vida y le prometía a Jacob que podría casarse con Raquel después de siete años más de trabajo. Por lo tanto, después de una breve «luna de miel» con un esposo indiferente, Lea debía compartirlo con quien él verdaderamente amaba: su propia hermana, la rival de siempre.

Si hubo alguna distracción fatal en la vida de Lea, debe haber sido esta. En estas circunstancias, Lea puede haberse sentido emocionalmente inestable, deprimida o hasta con sentimientos suicidas. Las mujeres de hoy sufren crisis nerviosas cuando se enfrentan a menos presión que Lea. Durante años sobrevivió una relación que amenazaba con quebrarla emocional y espiritualmente y desviarla permanentemente del camino ordenado por Dios.

En efecto, los nombres que Lea eligió para sus hijos durante este período increíblemente difícil de su vida reflejan la confusión mental y el sufrimiento emocional que estaba viviendo. Las Escrituras nos dicen que como Dios «vio que Lea no era amada, le concedió hijos. Mientras tanto, Raquel permaneció estéril» (Génesis 29:31). Cuando nació su primer hijo, Lea lo llamó *Rubén*, que significa «miren, un hijo».[1] Cada vez que Jacob llamaba por nombre a su hijo, estaría recordando que Lea había hecho lo que todo hombre deseaba: le había dado un primogénito varón.

Sin embargo, las distracciones continuaron en la vida de Lea. Nada cambió en la relación con su marido. La Biblia dice que Dios nuevamente se compadeció de Lea y volvió a quedar embarazada. A su segundo hijo lo llamó *Simeón*, que significa «el que oye»[2], un signo de que todavía confiaba en que

Lea dejó de vivir a través de otra persona y comenzó a reconocer que la vida, el gozo, la plenitud y el propósito estaban en caminar el derrotero que Dios tenía para ella.

Dios cambiaría su situación. Es seguro que Dios escuchó su dolor y las oraciones para que restaurara su matrimonio. No cabe duda de que Dios vio el llanto provocado por el rechazo y la angustia. No obstante, no había ningún cambio. ¿Acaso no la oía?

Nació un tercer hijo. A este, Lea lo llamó Leví, un nombre que significa «unir, amar».[3] Lea estaba desesperada por tener un esposo amante. Llegado a este punto estaba tan sedienta de amor y atención que la sola compañía la hubiera satisfecho, y comenzó a buscarla en sus hijos. Su distracción estaba cerca de convertirse en una *distracción fatal*.

Lea estaba perdiendo de vista el propósito de Dios para su vida. Estaba dejando que un mal matrimonio y sus necesidades emocionales la cegaran de su *rhema*, la palabra de vida que era su destino.

Por fortuna, Lea pudo recuperar su objetivo. Dejó de concentrarse en sus circunstancias y volvió la mirada aquellos ojos delicados a Dios. Dejó de vivir a través de otra persona y comenzó a reconocer que la vida, el gozo, la plenitud y el propósito estaban en caminar el derrotero que Dios tenía para ella.

¿Cómo sabemos de este cambio? El nacimiento de su cuarto hijo es una muestra de que su «comunicación de amor» ahora era una línea vertical directa con Dios y no horizontal con Jacob. Llamó a su hijo Judá, que significa «alabar».[4] Además, las Escrituras nos dicen que «dejó de dar a luz» (Génesis 29:35, RVR60). Si bien literalmente esto significa que ya no tuvo más hijos, en un sentido metafórico podría significar que dejó de vivir para Jacob y comenzó a vivir para Dios. En otras palabras, dejó de distraerse antes de que la distracción llegara a ser fatal para su futuro. De lo terrenal pasó a concentrarse en lo celestial, y Dios encaminó sus pasos para que cumpliera su justo destino.

Ni siquiera la angustia de una relación desdichada, con la que millones de mujeres de este país pueden identificarse, tiene por qué convertirse en una distracción fatal en tu vida. Una vez que Lea comprendió el poder de la alabanza en su vida, sus «ojos delicados» vieron con claridad lo que nunca habían visto.

EL RESTO DE LA HISTORIA...

Sin embargo, este no es el final de la historia. Muchas generaciones después, nació la verdadera bendición de la herencia de Lea: cuando surge la nación de Israel y se reparten las herencias entre las tribus, los hijos de Lea tuvieron un lugar prominente. El linaje de Leví se convirtió en la tribu del sacerdocio: todos los sacerdotes en la historia judía debían pertenecer a la tribu de Leví, el hijo de Lea, incluyendo a Moisés y Aarón. Todos los reyes legítimos después del reinado de Saúl salieron de Judá, el hijo de Lea. El rey David pertenecía a la tribu de Judá, el hijo de Lea. El rey Salomón pertenecía a la tribu de Judá, el hijo de Lea. Jesús, nuestro Salvador, el León de la tribu de Judá, era del linaje de Judá, el hijo de Lea.

Existe un propósito. Dios tiene un plan. Si Satanás hubiera conseguido distraer fatídicamente a Lea, el principal plan de Dios se hubiera cumplido de todos modos, pero se habría perdido la bendición de Judá. En cambio, las alabanzas de Judá resonaron a lo largo de los siglos. La gran victoria de Josafat se debió a que avanzaron primero las alabanzas de Judá, los descendientes de Lea.

No dejes que la distracción provocada por la angustia familiar se convierta en una Distracción fatal.

Estas palabras son para alentarte, cualquiera sea tu situación en la vida, mientras luchas con los problemas familiares. No dejes que la distracción provocada por la angustia familiar se convierta en una distracción fatal. Recuerda la historia de Lea. Ella se mantuvo en el camino y alcanzó la promesa que Dios había previsto para ella.

Capítulo 3

Preocupaciones laborales: El «síndrome de Marta»

Preocupaciones laborales:
El «síndrome de Marta»

Todo desvío del plan de Dios, ya sea una distracción fatal o no, viene del enemigo de la humanidad, quien ha estado en guerra con la humanidad desde la creación en el jardín del Edén. Aun antes de ese tiempo, Satanás había intentado usurpar la adoración que solo corresponde a Dios, y junto con su ejército de ángeles rebeldes, hizo guerra en el cielo, para ser finalmente desterrado al mundo. Desde entonces, ha estado presente en la tierra como el archienemigo de la humanidad, con el único propósito de distraer al ser humano de su propósito. Engañó a Eva, la madre de todos, con la primera distracción fatal, y ella, a su vez, distrajo a Adán del camino ordenado por Dios. Este cataclismo, la caída del ser humano, trajo maldiciones y castigos para Adán y Eva, y para cada uno de nosotros por ser sus descendientes. La muerte y el pecado habían entrado en el mundo.

Dios pidió cuentas a cada uno de los participantes en la rebelión del Edén. El Espíritu de Dios, que recorría el jardín en la frescura de la tarde, llamó a Adán: «¿Dónde estás?» (Génesis 3:9). La enormidad de la tragedia puede apreciarse cuando Adán, que había sabido disfrutar una amistad espiritual íntima con Dios, ahora se esconde porque temía la ira y el juicio de un Dios santo. Su respuesta a la sencilla pregunta de Dios nos revela su culpa recién descubierta: «Escuché que andabas por el jardín, y tuve miedo porque estoy desnudo» (Génesis 3:10). Cuando Dios le preguntó cómo sabía que estaba desnudo, la respuesta inmediata de Adán fue culpar directamente a la mujer e indirectamente culpar a Dios mismo cuando dijo: «La mujer que me diste por compañera me dio de ese fruto, y yo lo comí» (Génesis 3:12).

Todo desvío del plan de Dios, ya sea una distracción fatal o no, viene del enemigo de la humanidad.

Hay dos aspectos importantes en esta historia. El primero es que aunque Adán había tejido una cubierta de hojas para él y Eva, Dios entendió que no era suficiente para cubrir su pecado. Dios mismo mató un animal y usó la piel para cubrir el pecado del hombre. «Dios el Señor hizo ropa de pieles para el hombre y su mujer, y los vistió» (Génesis 3:21). El primer derramamiento de sangre para cubrir el pecado es un anticipo del magnífico sacrificio de Jesús, el que también moriría, pero cuya sangre cubriría todos los pecados de la humanidad entera.

El segundo aspecto es que el castigo de Dios a cada actor preveía consecuencias para todas las generaciones futuras de la humanidad. Primero, Adán y Eva perdieron la vida fácil que habían gozado hasta ese momento. Desde entonces, Adán tendría que ganarse el alimento con el esfuerzo de su trabajo, con «el sudor de su frente» (v. 19). El jardín ya no produciría abundantes cosechas sin su esfuerzo. Ahora, incluso la tierra fue maldecida por su causa. Eva, por su parte, tendría más sufrimiento en la concepción, y daría a luz a sus hijos con dolor (v. 16). Finalmente, la serpiente sería obligada a arrastrarse sobre su vientre y, lo que es más importante, habría enemistad entre la simiente de la

mujer y la de la serpiente, un anticipo de la lucha entre Jesús
y Satanás en el Calvario cuando Cristo saldría victorioso con
todo el poder en sus manos.

A pesar de la gravedad de estas consecuencias previstas
por Dios, tal vez la consecuencia más devastadora de todas
fue la alteración del orden divino para la humanidad, especialmente en lo que respecta a la familia. Los papeles para el
hombre y la mujer, que Dios había establecido para el bien
de todos, se desdibujaron y con el tiempo prácticamente
desaparecieron. Me crié en una cultura en la que tradicio-
nalmente al hombre le correspondía ganar el pan y a las
mujeres encargarse de la casa. Sin embargo, es un hecho
que, al menos en los Estados Unidos del siglo veintiuno,
esta discriminación de los roles no es tal. Por desgracia,
debido a la naturaleza misma de los factores sociales, este
cambio en los roles tradicionales del hombre y la mujer ha
resultado en que millones de mujeres además de encargarse
de las tareas del hogar deben ganarse también el pan.

En millones de hogares, el jefe de familia es una madre
soltera que tiene un empleo y además trabaja en su casa. Sin
embargo, aun en los hogares y familias donde viven ambos
padres, un gran número de mujeres trabajan fuera de su
hogar. ¡Estas mujeres hacen lo imposible por hacer «todo al
mismo tiempo»! Si bien la mayoría de las mujeres tiene la
bendición divina de poder hacer múltiples tareas al mismo
tiempo, la mayoría de las mujeres americanas suelen pensar
que tienen muchas cosas que hacer y muy poco tiempo,
energía o capacidad para hacer todo lo que debieran. Como
resultado, al día siguiente, todavía tiene tareas pendientes
del día anterior, además de las que debería hacer ese día. Y
día a día, la lista de «tareas sin hacer» y «tareas para hacer»
se hace cada vez más larga.

El estrés asociado con las exigencias cada vez mayores
del tiempo, la energía, el cuerpo y el espíritu de las mujeres,

al final afectará la salud. Como nunca antes, las mujeres americanas del siglo veintiuno sufren más enfermedades físicas producidas por el estrés y por el agotamiento sicológico. Hay muchas enfermedades relacionadas directamente con el estrés asociado al estilo de vida de la mujer y los múltiples roles que tienen.[1] Las mujeres de hoy sufren de lo que llamo el «síndrome de Marta»; no obstante, aunque es una distracción, no necesariamente debe ser fatal.

EL SÍNDROME DE MARTA

La historia de Lázaro y sus dos hermanas, María y Marta, tres amigos muy cercanos de Jesús, es conocida por todos. Jesús y sus discípulos con frecuencia visitaron su hogar durante sus años de ministerio. Vivían en Betania, un pequeño pueblo cerca de Jerusalén, pero suficientemente alejado del movimiento y bullicio de la gran ciudad, y, por lo tanto, un remanso de tranquilidad para Jesús cuando necesitaba descansar.

Si bien muchos se apresuran a juzgar a Marta por no tener clara sus prioridades, debemos notar que sus prioridades eran, al fin de cuentas, necesarias.

La hospitalidad era un rasgo distintivo de la sociedad palestina de aquellos días, y la mujer de la casa tenía roles claramente definidos: María y Marta tenían la responsabilidad de servir y atender a las visitas. Además, esta no era una tarea para tomarse a la ligera. En realidad, la hospitalidad era tan importante en los tiempos bíblicos que una de las condiciones para el ministerio, según Pablo, era ser hospitalario (1 Timoteo 3:2).

La etiqueta para atender a las visitas era muy específica. En el transcurso de la historia de las diversas culturas, las visitas al hogar de un señor poderoso tenían derecho a exigir protección, resguardo de los perseguidores, alimento o techo. Además, los siervos y compañeros del viajero tenían derecho a compartir todos los beneficios disponibles en la casa.

Si consideramos todos estos factores culturales —y bíblicos— no es difícil llegar a la conclusión de que Marta estuvo bien al asumir el rol de ser la hermana «inquieta y preocupada» por dejar todo en orden. Casi la puedo ver temprano en la mañana, sabiendo que Jesús vendría, trabajando afanosamente, amasando el pan y preparando la carne para hornear, preparando las verduras, vertiendo el vino en jarras, poniendo las frutas frescas y los higos, las pasas y los dátiles en platos para ocasiones especiales. Tendría prontas las palanganas para lavar los pies polvorientos de los viajeros que llegaran, como era la costumbre de aquellos días. Habría comprobado que hubiera paja fresca donde Jesús y sus doce compañeros pudieran recostarse para pasar la noche, y que todo estuviera pronto para recibir y alimentar a este numeroso grupo de hombres hambrientos que se quedaría varios días.

Cada día la mujer moderna comienza con más trabajos atrasados y pronto su «tiempo a solas» con el Señor queda relegado.

Cuando Jesús y sus discípulos finalmente llegaron, Marta todavía estaba «inquieta» por muchas cosas. Si bien muchos se apresuran a juzgar a Marta por no tener clara sus prioridades, debemos notar que sus prioridades eran, al fin de cuentas, necesarias. Eran cosas esenciales para mantener una casa bien organizada y funcionando bien.

¿Acaso las mujeres no se enfrentan hoy al mismo dilema? Tienen que llevar a los niños a la escuela, preparar sus almuerzos y completar el proyecto para la Feria de Ciencias. Johnny necesita ir a sus clases de música y Janice a la práctica de fútbol. Hay una reunión de la Asociación de Padres y Maestros, un encuentro de los niños exploradores y otro de las niñas guías, y todas estas actividades coinciden en la misma noche que ensaya el coro o que hay estudio bíblico. Precisan redactar las evaluaciones de los empleados nuevos. Tienen quizás un padre anciano recuperándose de un derrame cerebral y debe visitarlo todos los días. Y todo esto sin tener en cuenta las tareas «normales» que deben hacerse a diario para mantener una familia activa, aun con la colaboración de todos, ni tampoco el tiempo necesario para ser una esposa y persona por derecho propio.

¿Por qué, entonces, Jesús reprochó a Marta? Aquí está la trampa: las mujeres se «inquietan» con demasiada facilidad por muchas cosas, la mayoría de las cuales ¡son necesarias! Es necesario que alguien se encargue de la casa. Es necesario que alguien se preocupe por el marido y los hijos. Y, sí, incluso hay trabajos fuera de la casa que a veces también son necesarios. Muy pocos hogares pueden hoy depender económicamente de una sola fuente de ingreso. Es lamentable, pero la realidad de hoy en los Estados Unidos es que la mayoría de las mujeres necesitan trabajar fuera de su hogar y, por consiguiente, se espera que las mujeres sean versátiles. Deben ser prácticamente «supermujeres» para satisfacer todo lo que se exige de ellas.

Sin embargo, cuando la Marta de la vida moderna cae rendida en la cama al final del día, tiene dificultad para conciliar el sueño porque su mente ya está preocupada por lo que tendrá que hacer mañana, ya está pensando en cómo hará para trabajar «doble horario» y hacer todo lo que no pudo hacer ese día. Cada día comienza con más trabajos atrasados y pronto su «tiempo a solas» con el Señor el tiempo para meditar en la Palabra, para tener comunión con Dios en la oración, para levantarse temprano en la mañana y verificar la agenda divina para ver qué quiere Dios que haga ese día queda relegado. En vez de seguir al lado de Dios, se distrae por todo lo que «tiene» que hacer.

La buena noticia es que esto no tiene por qué convertirse en una distracción fatal. Marta volvía vez tras vez a la habitación donde estaba sentado Jesús enseñando a sus discípulos e impartiendo su sabiduría. María, la hermana de Marta, estaba sentada en silencio a los pies de Jesús, empapándose de las parábolas del Maestro, de sus palabras y sus enseñanzas. Sentía el consuelo de su presencia en la intimidad, cuando podía plantearle preguntas como lo hacían sus discípulos y escuchar las respuestas de Jesús de primera mano.

María se dio cuenta de que no podía perderse esta oportunidad. Piensen en cómo debe haber sido: lo preciosa que serían las palabras de Jesús, cuánto podía aprender María al escuchar directamente las enseñanzas de Jesús. Piense con qué claridad le podría haber explicado a Marta su destino; en cambio, Marta estaba inquieta y preocupada por «muchas cosas», que no eran las «cosas de Dios».

Satanás usa exitosamente esta sutil distracción en particular con las mujeres. La trampa está en que las muchas cosas que hacía Marta ¡eran tareas necesarias! Sin embargo, si bien lo que hacía redundaba en provecho de todos los presentes, al estar tan cargada con *las tareas* por sí mismas, Marta había perdido de vista *el propósito de las tareas*: servir a su Señor, ministrar a Jesús, satisfacer las necesidades y los deseos del Maestro.

¿Cuántas mujeres en la iglesia están tan ocupadas con el trabajo *en la iglesia* que pierden de vista el trabajo *de la iglesia*? El reproche de Jesús a Marta es válido para toda mujer sobrecargada de la actualidad:

> —Marta, Marta —le contestó Jesús—, estás inquieta y preocupada por muchas cosas, pero sólo una es necesaria. María ha escogido la mejor, y nadie se la quitará.
>
> —Lucas 10:41

COSAS NECESARIAS, PERO NO UNA DISTRACCIÓN

El trabajo y las diversas responsabilidades pueden ser una distracción del enemigo si nos hacen relegar las verdaderas prioridades. En definitiva, lo que Jesús le dijo a Marta fue: «El trabajo es bueno, pero en su justa perspectiva», nunca debería sustituir a «lo mejor»: el equilibrio, el amor por el Salvador, como había elegido María.

Hermana en el Señor, haz las tareas necesarias pero no te agobies por ellas. No te conviertas en una adicta al trabajo que relega su relación con el Maestro y la pone en la lista de «cosas para hacer mañana».

Por el contrario, «busquen primeramente el reino de Dios y su justicia, y todas estas cosas les serán añadidas» (Mateo 6:33). En otras palabras, puedes hacer todo siempre y cuando tengas bien en claro las prioridades. Primero, alimenta tu alma. Alimenta tu ser interior. Alimenta tu relación con Dios. Habla en primer lugar con Dios para ver cómo aprovechar el día. Deja que él ordene tus pasos y fije tu agenda. Tus días serán más provechosos para él así como para ti. No tienes por qué dejar que las «muchas tareas» te distraigan y se conviertan en una distracción fatal que te haga perder «la tarea de Dios» para tu vida.

CAPÍTULO 4

Problemas de salud: La mujer con hemorragias

PROBLEMAS DE SALUD:
LA MUJER CON HEMORRAGIAS

No hay nada que nos afecte tanto como nuestra salud. Aunque somos seres espirituales, vivimos en cuerpos humanos frágiles. Todos los dones espirituales, toda la unción y todo el potencial para el ministerio que Dios nos ha dado están albergados en vasijas de barro: en la carne. Todos estamos sujetos a los mismos procesos de envejecimiento. En realidad, los temas relacionados con la salud son una de las mayores distracciones que tendremos sobre esta tierra, y pueden resultar literalmente distracciones fatales, además de espirituales.

Los cristianos, sin embargo, enfrentamos una carga sicológica adicional: la idea —a pesar de lo irrealista que sea— de que debemos estar «por encima» de las fragilidades humanas. Se supone que debemos ser guerreros de oración con acceso directo al trono de Dios. Los dones de la sanidad sobrenatural fluyen a través de nuestras manos hacia otros. Tal vez hasta tengamos el don de hacer milagros, manifestado en todas partes menos en nuestro propio cuerpo.

LA DISTRACCIÓN DE LAS
ENFERMEDADES FÍSICAS

¿Qué pasa, entonces, cuando somos nosotros los enfermos y afligidos? ¿En dónde hemos fallado? En la intimidad de

nuestro pensamiento, en los lugares recónditos de nuestro
propio espíritu, quizás nos preguntemos qué está haciendo
Dios en nuestra vida. Llegado ese momento, nuestra salud
pasa a ser una distracción en nuestro caminar espiritual.

Además, Satanás se reserva sus ataques más intensos,
especialmente los relacionados con las enfermedades y
dolencias, para los ungidos «más fuertes». Encontramos un
buen ejemplo en la historia de Job, en el Antiguo Testamento.

Los temas relacionados con la salud son una de las mayores distracciones que tendremos sobre esta tierra.

Según la Biblia, Satanás se
presentó ante Dios para desafiar la integridad espiritual y la
fidelidad de Job. La hipótesis
de Satanás era que Job no servía a Dios de corazón, sino que
lo servía por las muchas bendiciones que había recibido.
Después de despojar poco a poco a Job de todos sus bienes
materiales, su prestigio, su riqueza y hasta de su familia,
Satanás comprendió que Job todavía se mantenía íntegro
ante el Señor. Finalmente, decidió atacar con lo que consi-
deraba su artillería más pesada: quebrantar la salud física de
Job. Dijo:

> Con tal de salvar la vida, el hombre da todo
> lo que tiene. Pero extiende la mano y hiére-
> lo, ¡a ver si no te maldice en tu propia cara!
> —JOB 2:4-5

Sin duda que era un alarde prepotente de Satanás, el cual
demostraba su limitada comprensión de la naturaleza humana. Job, por fortuna, pudo resistir la tentación de Satanás y
no maldijo a Dios, sino que se mantuvo firme en la fe. A
pesar de ello, Satanás no se ha dado por vencido y todavía
hoy continúa aprovechándose de esta distracción, a menudo con éxito.

El Espíritu Santo me ha inspirado para que advierta a las mujeres en la iglesia del Señor que no dejen que el enemigo las aparte de Dios, distrayéndolas con problemas de salud. Si bien la enfermedad puede ser dolorosa, angustiante y a menudo incomprensible, no tiene que ser, además, espiritualmente fatal para nosotros.

¡Qué alegría que Dios ame a las mujeres! Es un gozo saber que nos valora tanto que ha puesto también nuestras historias en la Biblia. Dios está tan interesado en la salud de las mujeres que ha registrado una historia propia del sexo femenino en las Escrituras, solo para nosotras: el relato de la mujer con hemorragias.

Las historias de la Biblia son ejemplos perfectos para estudiar y usar como modelo de vida. Son especialmente alentadoras cuando nos podemos identificar con ellas. La historia de la mujer con hemorragias solo podría ser una historia femenina. Es uno de los milagros más poderosos hechos por Jesús y nos muestra también cómo las enfermedades físicas pueden convertirse en distracciones casi fatales en nuestra vida.

Aunque no sabemos con exactitud cuál era el problema de salud que aquejaba a esta mujer, podemos inferir que se trataba de una enfermedad crónica, debilitante, aparentemente incurable, aparte de ser embarazosa y que le consumía la vida. Ya la había privado de muchas cosas: de su salud, de su dinero, de sus relaciones, de su posición social y hasta de su participación en la vida religiosa. Hacía muchos años que la sufría: durante más de doce años había enfrentado el aislamiento, la incomodidad y la soledad, como consecuencia de su condición crónica. ¡Qué terrible distracción!

Conforme a la ley mosaica, la condición de esta mujer la hacía impura para las ceremonias, por lo que no podría participar de la adoración congregacional. Alejada de la comunidad de creyentes, quizás se desilusionó con estos «santurrones» que la rechazaban. (¡En cuántas iglesias no sucede lo mismo hoy!)

La mujer había cumplido todos los requisitos de la sociedad. Sin duda había cumplido lo que exigía la ley de Moisés. Había agotado los límites de la ciencia médica, porque la Biblia nos dice que había gastado todo lo que tenía en médicos y prescripciones y, a pesar de todo su esfuerzo, su condición empeoraba.

Todos estos problemas podrían haber sido una distracción fatal para esta mujer, tanto espiritual como físicamente. No obstante, la Biblia dice que «la fe viene como resultado de oír el mensaje» (Romanos 10:17). Hermanas, recordemos que no debemos dejarnos distraer por los síntomas que sentimos en nuestro cuerpo, no sea que pasemos por alto los síntomas más importantes presentes en nuestro espíritu. Dios tal vez está hablándonos por medio de nuestra enfermedad, pero quizás no lo oímos por causa de nuestro dolor.

Ese es el verdadero poder que la enfermedad física puede tener como distracción. La naturaleza humana es tal que tendemos a pensar solo en nuestra propia incomodidad y la aparente «injusticia» de Dios en permitir que tales cosas nos sucedan, cuando deberíamos concentrarnos en la fidelidad divina.

YA NO ES MÁS UN PROBLEMA

A pesar de su aislamiento, la mujer con hemorragias pudo *oír* a las multitudes que gritaban ese día en el camino. Sin duda que había *oído* que el rabí que hacía milagros pasaría cerca, camino a la casa de Jairo, uno de los jefes de la sinagoga. Había *oído* que su poder sanaba todo tipo de enfermedades, hasta la lepra; por lo tanto, su *fe* la hizo ponerse en acción. ¡No dejaría que su enfermedad siguiera siendo una distracción!

No cabe duda de que la mujer sabía que tendría dificultad para acercarse a Jesús. Podría haberse dado por vencida y pensado que estaba muy débil debido a la pérdida de sangre para poder abrirse camino entre la multitud y consultar frente a frente al Señor. Debía saber que por tradición judía no podía tocarlo, siendo él un rabí, porque era impura. A pesar de todo ello, se propuso en el corazón tocar el dobladillo de su túnica, el borde de su manto, con la convicción de que quedaría sana (Mateo 9:20-21).

> **No hay problema de salud ni condición física que nos haga perder de vista el derrotero que Dios tiene marcado para nosotras.**

El mensaje para las mujeres de hoy es claro: no hay problema de salud ni condición física que nos haga perder de vista el derrotero que Dios tiene marcado para nosotras. Así como los obstáculos que tuvo que enfrentar la mujer con hemorragias, los problemas de salud de las mujeres pueden convertirse fácilmente en distracciones: problemas serios, dolorosos, prolongados, e incluso paralizantes que a menudo nos aquejan. ¡Pero no dejemos que se conviertan en distracciones fatales! Cuando la mujer con el «problema» de las hemorragias se acercó lo suficiente para poder tocar a Jesús, esto dejó de ser un «problema».

Capítulo 5

El reloj biológico inexorable: La oración votiva de Ana

EL RELOJ BIOLÓGICO INEXORABLE:
LA ORACIÓN VOTIVA DE ANA

E l sueño de la mayoría de las mujeres es casarse y tener hijos, y con razón: fuimos creadas con una inclinación hacia la familia, y los hijos son una recompensa de Dios, como leemos en el Salmo 127:3:

> Los hijos son una herencia del Señor, los frutos del vientre son una recompensa.

Sin embargo, para la mujer soltera que todavía no ha encontrado a su pareja, o para la mujer casada que por diversas causas no puede concebir un hijo, los minutos del reloj biológico, que se suceden uno tras otro, pueden ahogar toda lógica o salud mental. Nos duelen los brazos por querer abrazar y amar a un esposo, por concebir un hijo; pero si nos descuidamos, estos deseos pueden desbocarse y convertirse en una distracción fatal en nuestra vida.

SOLTERA E INFELIZ

Primero quiero dirigirme a la mujer que todavía espera encontrar «ese alguien especial» con quien pasar el resto de sus días. Tú sabes quién eres. Los minutos en tu «reloj biológico» se suceden inexorablemente y tu ansiedad se profundiza: no solo porque temes que nunca experimentarás la dicha del matrimonio sino porque, además, se te negará la experiencia de dar a luz un hijo.

Los minutos del reloj biológico, que se suceden uno tras otro, pueden ahogar toda lógica o salud mental.

Las personas a tu alrededor no suelen hacer las cosas fáciles. Te desean felicidad: «Querida, este será tu año, ¡tu bendición viene en camino!» (¡Qué importa que dijeran lo mismo hace cinco años y tu «bendición» todavía no haya llegado!) Has tenido profecías, has orado, has clamado, y todos están de acuerdo. Has salido con desconocidos más de lo que hubieras preferido. Las mujeres mayores de la iglesia que antes te tenían lástima ahora te miran con sospecha y preguntan: «Cariño, ¿qué pasa que nunca traes un hombre de visita a nuestros servicios?»

Has estado en al menos diez casamientos: la prueba está en ese horrible vestido de madrina que cuelga en el guardarropa. La presión se ha intensificado tanto que cada vez que un nuevo hermano pisa tu iglesia, te preguntas: «Señor, ¿es él?» Por desgracia, no eres la única que le hace esta pregunta a Dios, ¡sino que hay otras veintidós mujeres solteras en tu iglesia preguntándole lo mismo!

Escucha, sé que es difícil ser soltera y preguntarse si algún día encontrarás la persona para ti. Sé cómo son los grupos de solteros en muchas iglesias y conozco también las salidas nocturnas de solteras para jugar a los bolos o para comer carne a la parrilla. Sé lo difícil que es pasar las fiestas sola y lo duro que es observar cómo tus amistades se casan y tienen hijos. Sin embargo, si no tienes cuidado puedes enfrascarte tanto en buscar y orar por un compañero que pierdas el objetivo de tu vida y el destino que Dios tiene para ti. En ese caso tu «esterilidad» se habrá convertido en más que una distracción, será fatal.

Mi consejo, hermana soltera que esperas, es que cobres ánimo y concentres tu atención en el Amante de tu alma, nuestro Señor y Salvador Jesucristo. No, no tengo palabras de profecía para ti; no voy a darte falsas esperanzas e insultar tu inteligencia diciéndote que tu compañero te espera al doblar la esquina: conoces ese cuento, sabes cómo es... y sigues soltera. Lo que sí te sugiero es que ames a Dios y te ames a ti misma.

No te conformes con menos de lo mejor que Dios tiene para ti sometiéndote a relaciones insatisfactorias o pactos con hombres impíos, solo para poder tener un hombre en tu vida.

Tampoco permitas que el reloj biológico inexorable te distraiga. Si Dios tiene el dominio de tu vida, él sabrá cuándo es el momento perfecto.

En el Antiguo Testamento, mientras Josué peleaba contra sus enemigos, Dios de antemano le había otorgado una gran victoria, ya algunos de los enemigos huían, pero necesitaba más tiempo para rematar la conquista:

> Ese día en que el Señor entregó a los amorreos
> en manos de los israelitas, Josué le dijo al Señor
> en presencia de todo el pueblo: «Sol, detente
> en Gabaón, luna, párate sobre Ayalón.»
> —Josué 10:12

Josué literalmente pidió que el tiempo se detuviera, ¡y el tiempo se detuvo!:

> El sol se detuvo y la luna se paró, hasta que
> Israel se vengó de sus adversarios. Esto está
> escrito en el libro de Jaser. Y, en efecto, el sol
> se detuvo en el cenit y no se movió de allí por
> casi un día entero.
> —Josué 10:13

La Biblia nos dice que este milagro no habrá de repetir-
se: «Nunca antes ni después ha habido un día como aquél;
fue el día en que el Señor obedeció la orden de un ser
humano. ¡No cabe duda de que el Señor estaba peleando
por Israel!» (v. 14). Sin embargo, lo que deseo recalcar es
que Dios, de ser necesario, hasta tiene poder para hacer que
el tiempo se detenga para ti. En otras palabras, no temas el
paso del tiempo en tu vida, por-

**Si Dios tiene el
dominio de tu vida,
él sabrá cuándo es
el momento perfecto.**

que Dios te dará tiempo suficiente no solo para *recibir*, sino para
disfrutar las bendiciones que ha
previsto para ti. Solo él abre las
puertas que ningún hombre
puede cerrar (Apocalipsis 3:8). Confía en que él puede darte
el esposo *y* los hijos que deseas, pero, más que eso, confía
en su amor *por ti*: profundo, perdurable, inquebrantable.

CASADA, SIN HIJOS

¿Y qué de la angustia de estar casada pero, por cualquier
causa, no poder dar a luz un hijo? ¿Cómo puedes soportar
estar privada de algo tan intrínseco a tu ser femenino? La
palabra de Dios compara muy acertadamente la esterilidad
con la tierra reseca por la sequía:

> La sanguijuela tiene dos hijas que sólo dicen:
> Dame, dame. Tres cosas hay que nunca se
> sacian, y una cuarta que nunca dice ¡Basta!:
> el sepulcro, el vientre estéril, la tierra, que
> nunca se sacia de agua, y el fuego, que no se
> cansa de consumir.
> —PROVERBIOS 30:15-16

Dios comprende el dolor y la angustia de una mujer que
no puede tener hijos, y su respuesta a Ana nos muestra
cuánto le importa.

Encontramos la historia de Ana en el primer libro de Samuel, y tiene lugar en una época en que la poligamia era una práctica aceptada. Como un hombre podía tener varias mujeres, la mujer adquiría cierto prestigio en la familia cuando daba a luz un hijo para su esposo, especialmente si era un hijo varón. El esposo de Ana, Elcaná, tenía otra esposa llamada Penina que le había dado varios hijos, mientras que el vientre de Ana era estéril. La Biblia nos dice que Penina se gozaba haciéndole la vida desgraciada a Ana: «Penina, su rival, solía atormentarla para que se enojara, ya que el Señor la había hecho estéril» (1 Samuel 1:6). Por desgracia, las mujeres pueden lastimarse muchísimo, y este fue uno de esos casos.

Muchas mujeres «estériles» tal vez no tengan que enfrentar a otra mujer en el hogar de su esposo, ni siquiera actitudes tan malvadas como esta, pero es posible que dondequiera que miren vean mujeres embarazadas o madres con hijos. Parecería que cuanto más desean tener hijos propios, a más fiestas para futuras mamás se las invita.

> Somos hijas de un Dios soberano que nos ama y que es fiel para darnos las fuerzas que necesitamos para atravesar cualquier prueba, no importa cuan desgarradora o grave sea.

Gracias a Dios, Ana tenía un esposo comprensivo, aunque nada excepto un hijo parecería llenar el vacío en su ser. Tal vez hubo personas con buenas intenciones que le dijeron, como todavía muchas hacen hoy: «No te preocupes, cariño, Dios sabe qué es lo mejor». O quizá: «El mundo en la actualidad es un lugar malvado, ¿para qué desearías traer otro niño al mundo?» Sin embargo, el dolor y las ansias en el corazón de Ana eran tan intensos que ya no podía comer. Elcaná llegó a decirle: «Ana, ¿por qué lloras? ¿Por qué no comes? ¿Por qué estás resentida?

¿Acaso no soy para ti mejor que diez hijos» (1 Samuel 1:8).
Sus palabras eran bien intencionadas pero no podían llenar
el vacío en el alma de Ana. Ella estaba a punto de dejar que
una distracción fatal arruinara su vida.

Ana, por fortuna, acudió a Dios en su necesidad y reor-
ganizó sus prioridades para que concordaran con las de Dios.
Mientras clamaba al Señor en el templo, desde lo profundo
de su angustiado ser, hizo un voto: si Dios le daba un hijo
varón, ella dedicaría el niño al Señor para que le sirviera en
el templo durante toda su vida. Su respuesta fue contestada.
Dios la bendijo con un hijo, Samuel, que ella consagró al
Señor y quien llegó a ser luego uno de los jueces del Antiguo
Testamento. ¡Dios le dio mucho más de lo que Ana había
pedido en oración, pues tuvo además otros cinco hijos!

Aunque la historia de Ana tuvo un final feliz, hay muchí-
simas mujeres que no son tan afortunadas: nunca pueden
tener hijos. Pasan la vida distraídas creyendo que no han
podido cumplir su misión primordial como mujeres, sus
oraciones por un hijo no son contestadas. Tal vez hayan
podido concebir, pero pierden el niño en el embarazo.
Quedar embarazada y luego, por cualquier motivo, no
poder llevar el embarazo a buen término es realmente una
angustia. Además de llorar la pérdida del niño, la mujer
suele experimentar un sentimiento de fracaso y de culpa:
¿Hice algo mal para perder este embarazo? ¿Por qué perdí
el embarazo? ¿Quién era este niño?

Otra angustia experimentada por las mujeres es el dar a
luz un bebé sin vida, o un bebé que vive por poco tiempo.
Todas estas experiencias pueden ser atroces y entristecer y
deprimir hasta a la mujer más fuerte.

No sé por qué suceden estas cosas; solo puedo decir que
somos hijas de un Dios soberano que nos ama y que es fiel
para darnos las fuerzas que necesitamos para atravesar cualquier prueba, no importa cuan desgarradora o grave sea. En
Isaías 43:1-2 nos dice:

No temas, que yo te he redimido; te he llamado por tu nombre; tú eres mío. Cuando cruces las aguas, yo estaré contigo; cuando cruces los ríos, no te cubrirán sus aguas; cuando camines por el fuego, no te quemarás ni te abrasarán las llamas.

Habrá momentos en que experimentaremos pruebas y tribulaciones devastadoras para nuestra vida y emociones, similares a un fuego o una inundación. El dolor que sintamos durante esos períodos quizás nos abrase; tal vez nos embarguen sentimientos de ahogo. Como el caso de una mujer que habiendo perdido a su hijo dijo: «Me sentía como en una montaña rusa, se me dio vuelta la vida. Caminaba de aquí para allá, pero por dentro sentía que el mundo se había derrumbado».

El Señor tiene una palabra para esas emociones, la hermosa promesa de Isaías 41:10:

Así que no temas, porque yo estoy contigo; no te angusties, porque yo soy tu Dios. Te fortaleceré y te ayudaré; te sostendré con mi diestra victoriosa.

Si estás embargada por la pérdida dolorosa de un hijo un embarazo que no llegó a término, un hijo que nació muerto o que murió por el síndrome de muerte súbita del lactante, dirige la siguiente oración a Dios que comprende tu pena:

Padre, en el nombre de Jesús, vengo ante tu trono para encontrar gracia y misericordia en este momento de necesidad. Señor, tú dijiste que colmarías de bondad al alma anhelante y hambrienta. Nos has dicho que los sacrificios a Dios son el corazón contrito y el espíritu quebrantado, porque no despreciarás al corazón

*contrito y humillado. Vengo ante ti con un espí-
ritu y un corazón quebrantado, para que me
des consuelo y paz. Tócame ahora mismo, en el
nombre de Jesús. Llega a lo más profundo de mi
alma y satisface mi anhelo. Satisface mi anhelo
y llena mi alma apenada con tu bondad.
Quítame el vacío, Señor; quítame este vacío.*

*Dios, avanzo contra el enemigo que inten-
ta invadirme con la depresión y un sentimiento de culpa y de fracaso en mi vida. Me desha-
go de estas divagaciones en el nombre de Jesús,
y proclamo paz, sanidad y plenitud de mente,
cuerpo, alma y espíritu en mi vida. Ayúdame,
Señor, en aquellas áreas que más te necesito.
Llena mi alma con alabanza y gratitud, porque tú eres mi Dios, mi espada y mi escudo. Tú
eres mi Roca, mi Fortaleza y mi Protector; tu
bandera sobre mí es el amor.*

*Padre, en el nombre de Jesús, infúndeme la
sensación de tu presencia y de tu amor, y lléna-
me con tu gracia. Ayuda a los que me rodean a
pronunciar palabras divinas de piedad, palabras de consuelo, de edificación, que me levan-
ten. Padre mío, tuya es la gloria y el honor y la
alabanza, en el nombre de Jesús. Amén.*

Aunque la falta de niños puede rondar amenazadora
sobre tu cabeza y oscurecer otras bendiciones en tu vida,
siempre hay esperanza. ¿Qué hizo Ana con su distracción? A
pesar de las burlas irritantes de Penina, su falta de apetito, el
llanto a mares y el anhelo de su vientre estéril, ella pudo
finalmente ofrecer su sentimiento al Señor, porque *sabía*
que él la amaba. Cuando te enfrentes a una distracción de
esta naturaleza y magnitud, deja de concentrarte en lo que
te *falta* y considera lo que *tienes* por ser una hija de Dios.

Como dijeron los tres muchachos hebreos cuando se enfrentaron al horno en llamas, nosotros también debemos decir: «Si se nos arroja al horno en llamas, el Dios al que servimos puede librarnos del horno ... Pero aun si nuestro Dios no lo hace así ... no honraremos a sus dioses ni adoraremos a su estatua» (Daniel 3:17-18). Nuestra actitud debería ser: «Si Dios con-

> **Deja de concentrarte en lo que te *falta* y considera lo que *tienes* por ser una hija de Dios.**

testa o no mi oración, aun así lo amaré. Aun así viviré para él y celebraré a mi Señor y a mi vida en Cristo. Aun así le alabaré, porque él es el Rey de reyes y el Señor de señores. Él es mi Pastor y en él, nada me faltará».

Derrota esta distracción y encuentra paz en tu espíritu concentrándote en el gran amor que tu Padre celestial tiene por ti, su querida hija. Cuando tu corazón descansa en su amor, encontrarás reposo, solaz y consuelo, como también una mayor comprensión del destino que tiene para tu futuro.

Capítulo 6

Problemas en el matrimonio: La actitud positiva de Abigaíl

Problemas en el matrimonio:
La actitud positiva de Abigaíl

Tal vez la mayor distracción que muchas mujeres tendrán en su vida sea la angustia de las dificultades en el matrimonio. El corazón de la mujer fue creado para vivir en relación: ¡Dios nos hizo así! Nuestra sensibilidad a las experiencias emocionales nos predispone a los lazos fuertes y firmes de las relaciones. La socialización en nuestra cultura obliga a las mujeres a concentrarse en sus relaciones: en la familia, los hijos, el matrimonio, los amigos y personas especiales. Las creyentes no somos inmunes a esta distracción. Aunque sabemos que debemos concentrarnos en las cosas del Espíritu, nuestros corazones anhelan fervorosamente tener una relación con un esposo amante. Por desgracia, nuestra vulnerabilidad en este aspecto nos convierte en un blanco de Satanás en el reino espiritual, en su guerra contra el alma, el propósito, la unción, la misión y el propósito divino.

Las relaciones son tan importantes para la mujer porque el hogar, la familia, fue la primera institución social creada por Dios. Recordemos que en el libro de Génesis, Dios creó al primer hombre, a Adán, y luego trajo a la mujer. En esta primera relación entre los seres humanos, Dios creó una familia con el fin de reflejar los atributos de la familia celestial.

Como la familia celestial, la familia terrenal tiene un propósito divino: producir adoradores que glorifiquen a Dios. Dios pretende que la familia sea la piedra donde levantar todas las demás instituciones sociales del mundo. Por ello, una de las principales estrategias de Satanás ha sido la de trastocar la armonía del hogar, porque de esa manera podría impedir que se formaran futuras generaciones de adoradores de Dios y guerreros espirituales que pudieran acabar con su reino satánico.

El hogar, la familia, fue la primera institución social creada por Dios.

Satanás siempre ha procurado destruir matrimonios, ya que son el fundamento de la familia, y con el debilitamiento de la familia se desmorona toda la trama de la sociedad.

Después de la caída el pecado entró en el mundo, y la relación perfecta entre el primer esposo y su mujer, Adán y Eva, se desnaturalizó por la desconfianza, la vergüenza y la culpa. Estos elementos se transmitieron a la primera generación de hijos: Caín y Abel. El desenlace trágico de su rivalidad filial fue la primera muerte física de un ser humano: a causa de un asesinato.

El ataque exitoso de Satanás contra la primera familia de Génesis le permitió tomar como objetivo todas las familias desde entonces. No necesito conocer la historia de tu vida para saber que el enemigo atacó, o que pronto atacará, tu hogar, tu familia o tu matrimonio. Su maquinación principal es distraerte por medio de ataques a tus seres queridos. Muchos matrimonios hoy están plagados por penurias económicas, disputas sobre la crianza de los hijos, cuestiones de infidelidad, discusiones entre familiares políticos, toxicomanías o incluso violencia doméstica. Satanás se aprovecha de estos medios para carcomer los cimientos de la familia y atraparte en una distracción fatal.

Sin embargo, ¡demos gracias a Dios! Él nos ha dejado su Palabra y en ella nos da un modelo para guardar un matrimonio difícil y evitar que una distracción se convierta en fatal. Sí, podemos estar lastimadas. Sí, nuestras relaciones tal vez no sean como deseamos. No obstante, en la historia de Abigaíl y Nabal en el Antiguo Testamento, Dios nos muestra cómo responder.

ABIGAÍL: UN MODELO POSITIVO

En 1 Samuel 25 se hace referencia al matrimonio de una mujer que tenía motivos más que sobrados para desviarse del destino que Dios tenía para ella debido a las circunstancias de un matrimonio desgraciado. El dolor de estar casada con un marido alcohólico o violento pudo haberla distraído por un tiempo, pero no se convirtió en una distracción fatal.

Las Escrituras nos dicen que Abigaíl era una «mujer de buen entendimiento» (1 Samuel 25:3, RVR60), lo que significa que era muy inteligente; pero más importante aun, era sabia. La frase *buen entendimiento* implica que la persona tiene más que el simple conocimiento. El libro de Proverbios nos aconseja que procuremos la sabiduría además del conocimiento: «La sabiduría es lo primero. ¡Adquiere sabiduría! Por sobre todas las cosas, adquiere discernimiento» (Proverbios 4:7). Abigaíl no se limitaba a tener conocimiento; tenía criterio para aplicar el conocimiento y sentido común para aprovechar las circunstancias de su vida diaria. Podríamos decir que sabía «qué cosas estaban en juego» y cómo valerse de ellas. Con respecto a su matrimonio, esto implicaba que sabía qué tipo de individuo era su marido y lo entendía, procurando arreglárselas como mejor podía.

La Biblia además de mencionar la sabiduría de Abigaíl nos dice que era «de bella apariencia» (1 Samuel 25:3, RVR60). Esto significa que tenía más que facciones bonitas.

La palabra *apariencia* se refiere tanto a la presencia física de la persona como a su personalidad. Pudo haber sido bonita, sí, pero también era agradable. Su atractivo brotaba de su interior. Esto es significativo porque, como veremos al considerar su situación, Abigaíl había encontrado la manera de no dejarse afectar negativamente por el carácter de su marido. No se «vestía» con un matrimonio infeliz.

¿No conocemos mujeres cuya apariencia refleja todo lo que no está bien en las relaciones significativas de su vida? Podemos ver la distracción en sus ojos, en su porte y en sus gestos. Sin embargo, al no dejar que el «asunto» de Nabal la despojara de su bella apariencia, Abigaíl no equivocó el camino y pudo evitar esta distracción que podría ser fatal.

Consideremos cómo era su marido. La Biblia nos dice que Abigaíl estaba casada con un hombre rico llamado Nabal. El nombre Nabal ya es significativo. En los tiempos bíblicos, el nombre de un individuo solía ser un reflejo del carácter de la persona. Además, el nombre también aportaba datos acerca de su destino, e incluso reflejaba los dones o los defectos de la persona. Con anterioridad, en el libro de Génesis, el nombre de Jacob, que significa «embustero» o «sustituto», era un anticipo de futuros engaños y especialmente de cómo engañaría para usurpar la primogenitura a su hermano Esaú.

Lo mismo era cierto en el caso del esposo de Abigaíl, Nabal, cuyo nombre significa «necio». Se trata de una palabra antigua que significa «agresivo, violento, impertinente, insolente; persona difícil de agradar».[1] La Biblia más adelante nos dice que Nabal estaba «muy borracho» (1 Samuel 25:36). En la actualidad, diríamos que Nabal era un alcohólico o un adicto. Es el prototipo del marido violento o, al menos, del que maltrata verbalmente a su mujer.

Muchas mujeres cristianas en el día de hoy saben lo que es sufrir el estar casada con un marido *drogodependiente*. El término drogodependiente nos trae a la mente alguien en quien no se puede confiar porque no cumple su palabra cuando se trata de controlar o abandonar sus comportamientos adictivos. Es una persona que despilfarra los recursos de una familia para satisfacer sus consumos egoístas. Describe las desilusiones de los ciclos de sobriedad seguidos por episodios de borrachera o de drogarse: el ciclo de esperanza sucedido por la desilusión cada vez que el consumidor adictivo cae en excesos. Describe la vida de millones de mujeres cuyos maridos son «adictos» a diversas cosas, aparte del alcohol. El comportamiento adictivo es el mismo, ya se trate del juego, las drogas legales o ilegales, el alcohol, la pornografía o el adulterio. Sin duda que cualquier mujer atrapada en los lazos de alguna de estas obsesiones testificará al igual que Abigail que una familia entera puede ser llevada al borde de la ruina por la indisciplina y los hábitos egocéntricos de una persona. Cualquiera de estas conductas, por sí sola, ya constituye más que una distracción casual; con demasiada facilidad pueden acabar con una relación y, en efecto, convertirse en una distracción fatal.

Cuántas mujeres habrá que se identifican con la historia de una hermosa joven consagrada, cariñosa, bien educada en todo sentido que está «unida en yugo desigual» a un adicto abusador y violento. Eso podría ser una distracción con mayúscula. Sin embargo, conforme

> **Una familia entera puede ser llevada al borde de la ruina por la indisciplina y los hábitos egocéntricos de una persona.**

discurre la historia, veremos que aunque los problemas en las relaciones pueden distraernos, a pesar de lo dolorosos que sean no necesariamente tendrán que ser distracciones fatales.

A pesar de su inclinación por el alcohol, Nabal era un hacendado rico, con muchos rebaños en las pasturas. Como en los días de la conquista del oeste americano, había bandas de forajidos y ladrones vagando por el campo, saqueando los campos de los pastores y robando rebaños para quedarse con las pieles de ovejas, y aun matando a los hombres que cuidaban dichos rebaños. En ocasión de esta historia, David, el futuro rey de Israel vivía en las montañas y estaba en lucha contra el rey Saúl. Tenía una banda de seiscientos hombres los que, si bien eran considerados bandidos, se habían portado bien con los pastores de Nabal que apacentaban las ovejas cerca de ellos, y no les habían hecho daño.

Los hombres de David habían protegido los rebaños que Nabal tenía en lugares remotos; sin embargo, cuando necesitaron comida y provisiones, la respuesta de Nabal fue insólita. David había enviado un mensajero para pedirle a Nabal que le retribuyera el favor en comida y especie para los hombres cansados que habían protegido a sus rebaños y pastores. En vez de obrar con gratitud y gentileza, como era de esperar, Nabal los insultó y se negó a ayudarlos. No se contentó con responder enfáticamente que no lo haría, sino que fue despectivo y los trató con desdén. David, furioso por la ingratitud y los insultos de Nabal, reunió a cuatrocientos hombres de su ejército y anunció que para el amanecer no dejaría nada de las posesiones de Nabal ni a nadie vivo... tampoco se salvaría Abigaíl.

Por fortuna, un criado avisó a Abigaíl acerca de la crisis perentoria. Al enterarse por el mensajero cómo había respondido Nabal, ella discernió con sabiduría que David venía dispuesto a vengarse. Inmediatamente preparó unas ovejas asadas para que comieran los hombres, vino, uvas pasas, panes y tortas de higos todo lo que David y sus hombres necesitarían y lo cargó sobre unos asnos. Luego salió de prisa para interceptar a David. Cuando lo encontró, se inclinó ante él y se arrojó a sus pies, lo honró y profetizó el gran futuro que tendría como guerrero. Le rogó a David que aceptara sus regalos y que desistiera de su intención de derramar sangre en venganza. El corazón de David se ablandó al ver la mujer penitente ante él, y se aplacó. Aceptó los regalos y alabó a Abigaíl por su sabiduría al impedir el derramamiento de sangre.

PROACTIVA O REACTIVA

Cuando Abigaíl regresó a la casa de su esposo para contarle lo sucedido, Nabal estaba borracho, en medio de un banquete, por lo que decidió no decirle nada hasta el día siguiente, cuando se le hubiera pasado la borrachera. Las mujeres de hoy podemos sacar una importante lección de este episodio: Abigaíl fue sabia al *escoger el momento oportuno para discutir un asunto delicado con su esposo.* Fíjense que no le dijo lo que había sucedido hasta que la crisis había pasado. Conocía al hombre con quién estaba tratando y que ya le había negado la ayuda a David. No hubiera conseguido nada discutiendo el asunto con él para que cambiara de parecer, o rezongando y retorciéndose las manos pensando en el desastre que les acaecería. Los hombres de David los habrían pillado desprevenidos mientras discutían y se culpaban entre sí.

Abigaíl no esperó para reaccionar, en cambio, se puso en acción. Buscó una solución y no perdió tiempo en buscar al culpable. Cuando nos encontremos en situaciones negativas, siempre será mejor determinar qué podemos hacer ya se trate de eludir el peligro inmediato o intentar minimizar el daño en vez de culpar a otros. En lugar de quedarse inmóvil, paralizada por las circunstancias, Abigaíl pudo presentarle a su marido la situación ya solucionada, dilucidada, exitosamente resuelta. La Biblia nos dice que cuando Nabal se enteró de lo cerca que había estado de una muerte violenta a manos de David, «sufrió un ataque al corazón y quedó paralizado» (1 Samuel 25:37). Antes de que transcurrieran dos semanas, Nabal había muerto.

Cuando David supo que Nabal había muerto y que Abigaíl había enviudado, envió mensajeros a buscarla, así como a sus

> **En vez de compadecerse y lamentar lo que no podía tener, se concentró en los recursos disponibles.**

criadas, para que lo acompañaran a él y a su ejército creciente, y se casó con ella. La historia concluye cuando David es coronado rey de Judá en la ciudad de Hebrón. Abigaíl, la mujer que había estado cautiva en un matrimonio con un esposo violento y borracho, se había convertido en reina.

Abigaíl tenía motivos de sobra para distraerse fatalmente. Su esposo tenía mal carácter, era violento y la maltrataba verbalmente. Era un alcohólico egocéntrico, desagradecido e injusto. Vivir encerrada en ese clima emocional podría haber destruido el destino de Abigaíl. Muchos de nosotros, en la misma situación, nos habríamos permitido el lujo de que nos tuvieran lástima, y nos hubiéramos lamentado: «Pobrecita de mí» o «¿Por qué a mí?» En cambio, la actitud y las acciones de Abigaíl, y cómo respondió a la adversidad, fueron determinantes para cambiar las circunstancias de su vida.

Ella no se quejó ni tampoco culpó a Nabal por lo que sucedía. Por el contrario, comprendía bien a su esposo y sus limitaciones. Mientras, trabajaba a pesar de esas condiciones, e incluso ella misma compensaba la negligencia de su marido cuando la familia enfrentaba una crisis. En vez de compadecerse y lamentar lo que no podía tener, se concentró en los recursos disponibles. ¡Siempre será mejor tener iniciativa y actuar que esperar y reaccionar!

Busca lo bueno que hay en tu situación. Busca una solución, persevera en una actitud positiva. Hermana en la fe, cuando ores porque tienes un problema, no siempre es productivo presentar repetidas veces el problema ante Dios. ¡Él ya lo conoce! Más importante será orar la Palabra de Dios sobre el problema. Repite las promesas de Dios con respecto al problema. Asume esta respuesta positiva, proactiva, y aumentarás tu fe, lo que redundará en el resultado deseado.

Piénsalo: ¿proactiva o reactiva? ¿Qué escogerás ser? El poder de una respuesta positiva a la más negativa de las circunstancias libró a Abigaíl de una situación desesperada y le brindó una nueva y prometedora vida.

CAPÍTULO 7

Los padres ancianos: La devoción de Rut y Noemí

LOS PADRES ANCIANOS:
LA DEVOCIÓN DE RUT Y NOEMÍ

S i estás en la edad adulta y tus padres todavía viven, llegará el momento en que te enfrentes al dolor y las dificultades que conlleva verlos envejecer. Aunque mi propio padre murió cuando tenía diecisiete años, tengo la bendición de que mi madre todavía vive. A los setenta y ocho años, es la matriarca de la familia, el cemento que nos mantiene unidos a mis cuatro hermanos, mis dos hermanas y a mí. Sin embargo, como es natural en la vida, su edad avanzada ha venido acompañada de enfermedades y aflicción, y mis hermanos y yo nos enorgullecemos de mantenerla cómoda para que pueda disfrutar de su vida. Durante este tiempo, agradezco el firme sistema de apoyo provisto por una familia grande.

Aun en las mejores circunstancias, cuidar de los padres ancianos puede entrañar una distracción considerable y desviarnos de nuestro caminar con Dios. Hay varias cosas que atender al mismo tiempo. Al inexorable envejecimiento de nuestros padres y su muerte, debemos agregar la angustia que nos provoca tanto a ellos como a nosotros. Dependiendo de la salud de tus padres, puede haber diversas tareas que hacer para cuidarlos mientras envejecen: obtener las prescripciones, llevarlos a la consulta con el doctor, llenar los formularios del seguro médico.

Además de todo esto, se da un cambio paradójico de roles que es difícil de asumir por ambas partes: los padres y los hijos. La niña que cuidaron y mimaron hasta ahora, de pronto, los cuida y mima a ellos.

Siempre recordaré lo destrozada que me sentí cuando finalmente me di cuenta y tuve que reconocer que mi propia madre estaba envejeciendo y que no estaría conmigo para siempre. Recuerdo cómo lloré, incluso ahora, mientras escribo esto, los ojos se me llenan de lágrimas. No nos damos cuenta del sólido y seguro apoyo que tenemos en nuestros padres y abuelos hasta que poco a poco la estructura que nos proporcionaron comienza a debilitarse y finalmente desaparece.

Aun en las mejores circunstancias, cuidar de los padres ancianos puede entrañar una distracción considerable y desviarnos de nuestro caminar con Dios.

Si bien la angustia emocional de cuidar de los padres ancianos es uno de los peores aspectos de esta crisis, también está la enorme tarea de la organización logística de su cuidado y mantenimiento. Los adultos de mediana edad estamos muy «requeridos» por nuestros empleos, cónyuges, hijos, el trabajo en la iglesia y otras actividades, y si a esto se le suma el cuidado y la responsabilidad de unos padres ya mayores, nuestra vida puede verse forzada al límite.

Dios sabe las luchas que enfrentamos y se interesa por nosotros. Nos habla por su Palabra y comparte su actitud hacia los ancianos en Levítico 19:32: «Ponte de pie en presencia de los mayores. Respeta a los ancianos. Teme a tu Dios. Yo soy el Señor».

Dios equipara el respeto a los ancianos con el temor y la reverencia debida al Señor, y estas instrucciones no eran tomadas a la ligera entre los hijos de Israel. Nuestro amor filial natural no debería dejar dudas sobre la devoción, el cuidado y la preocupación por nuestros padres: si honramos a Dios, automáticamente honraremos también a nuestros padres. La mujer por naturaleza tiende especialmente a cuidar y atender a las personas: no solo a los jóvenes sino también a los débiles, los enfermos y los ancianos. Es un rasgo tan inherente a la constitución de la mujer que muchas mujeres cuidan incluso a personas que ni siquiera son parientes.

En el libro de Rut tenemos una hermosa ilustración del cuidado de una mujer hacia su madre anciana. Noemí, la mujer mayor, había perdido a su marido y a sus dos hijos. Aunque la familia era oriunda de Israel, cuando los hombres murieron se encontraban viviendo en la tierra de Moab. Noemí decidió entonces regresar a su lugar de origen con o sin la compañía de sus dos nueras, Orfa y Rut. Orfa decidió separarse de Noemí, pero Rut sentía tanto apego y responsabilidad que se negó a dejarla. Dejó de lado la seguridad futura y el amor que sentía por su tierra, Moab, e hizo una de las declaraciones más apasionadas de lealtad y fidelidad que encontramos en las Escrituras:

> Respondió Rut: No me ruegues que te deje, y me aparte de ti; porque a dondequiera que tú fueres, iré yo, y dondequiera que vivieres, viviré. Tu pueblo será mi pueblo, y tu Dios mi Dios.
>
> —RUT 1:16 (RVR60)

La misma firmeza y determinación que Rut expresa en este pasaje son las que muchas sentimos cuando cuidamos de nuestros padres mayores. Cuando nuestro amor por ellos es intenso, dedicaremos gran parte de nuestro tiempo y energía para asegurarnos de su bienestar y para que no les falte nada. Aunque es un propósito loable, no nos debemos dejar agobiar por la tarea.

UN ASUNTO DE FAMILIA

Si cuentas con un sistema de apoyo, utilízalo. Procura que todos tus hermanos ayuden en el proceso y compartan las responsabilidades. No intentes ser una superhéroe, haciendo todo tú sola e involucrándote tanto en el cuidado de tus padres al grado tal de no hacer otra cosa.

Conozco un caso de una familia en que la hermana mayor asumió ella sola el cuidado de sus padres pero, al hacerlo, no permitió que sus hermanos y hermanas participaran de la bendición de honrar a sus progenitores. Los hermanos comenzaron a sentir resentimiento por haber sido dejados a un lado en este proceso, y el motivo que debería haberlos unido en un esfuerzo familiar en común se convirtió en una situación plagada de tensión y animosidad. Como consecuencia secundaria de esta exagerada protección por parte de la hija, la madre erróneamente comenzó a creer que el resto de sus hijos no se interesaban por ella. Por fortuna, un familiar de confianza intervino justo a tiempo y pudo restaurar la paz y la reconciliación en el seno de esta familia.

Dios equipara el respeto a los ancianos con el temor y la reverencia debida al Señor.

Tal vez tu situación sea diferente de la que acabo de describir. Quizás hayas sido nombrada extraoficialmente «la ayuda de la familia» porque eres soltera o no tienes hijos. Sea cual fuere la razón, siempre parece caer sobre ti la responsabilidad de llevar a tus padres al médico, obtener los medicamentos o hacerles los mandados. El grueso de la responsabilidad recae sobre tus hombros.

Si tienes hermanos, la atención de tus padres no debería ser responsabilidad solo tuya. Explica a tus hermanos y hermanas que tu madre y tu padre también son los padres de cada uno de ellos y que todos deberían colaborar. No obstante, no aproveches la conversación para reprochar a tus hermanos. Para la persona piadosa, el cuidar de los padres ancianos es una responsabilidad que implica un honor y una alegría.

Debes aprender a mantener un equilibrio saludable mientras desempeñas tus responsabilidades familiares para no agotar tu mente, cuerpo, espíritu y actitudes. El desgaste emocional implícito en el cuidado de unos padres ya mayores es muy sutil, y tal vez no estés consciente de todos sus efectos. Conforme aumente la tensión, quizás experimentes trastornos en el sueño o recurras a mecanismos enfermizos y destructivos para ayudarte a sobrellevar la realidad del inminente fallecimiento de tus padres: tal vez comas en exceso o pierdas el apetito, tengas dificultad para concentrarte o llores sin motivo alguno, por mencionar solo algunos ejemplos.

> **Debes aprender a mantener un equilibrio saludable mientras desempeñas tus responsabilidades familiares para no agotar tu mente, cuerpo, espíritu y actitudes.**

Una amiga me dijo que, en ocasiones, cuando atendía a sus padres mayores, tenía que hacer un gran esfuerzo para no perder la paciencia. Se irritaba con ellos o incluso se disgustaba cuando caminaban con demasiada lentitud o parecían no entender lo que ella intentaba explicarles.

«Me sentía muy mal», me contó con lágrimas en los ojos. «Al fin de cuentas, ¡era a *mi madre* a quien le gritaba!»

Cuando sientas que estás llegando a irritarte, respira hondo. En lo posible, retírate por un momento y recobra tu compostura. Si sueles ser una persona tranquila, tu irritabilidad puede ser un signo de que la tensión es demasiado para ti, y necesitas tomarte un descanso. Procura conseguir a alguien que te reemplace y mantente a distancia de la

situación para despejar tu mente y controlar tus emociones.
Comprende que la ira que sientes no está dirigida a tus
padres sino que es más bien consecuencia de la frustración
y el dolor de tener que soportar esta situación.

Ante todo, encomienda tu frustración, tu enojo y tu tristeza a Dios, quien comprende tus dolores más profundos.
En realidad, las Escrituras nos animan en Hebreos 4:15-16:

> Porque no tenemos un sumo sacerdote inca-
> paz de compadecerse de nuestras debilidades,
> sino uno que ha sido tentado en todo de la
> misma manera que nosotros, aunque sin
> pecado. Así que acerquémonos confiadamen-
> te al trono de la gracia para recibir misericor-
> dia y hallar la gracia que nos ayude en el
> momento que más la necesitemos.

Puedes tener la certeza de que Dios te dará la gracia y la
ayuda que necesitas para sobrellevar con cariño la penosa
distracción de cuidar a tus mayores.

Con los avances tecnológicos, el promedio de vida de la
humanidad se ha alargado. Como consecuencia, el cuidar de
padres ancianos es una realidad que la mayoría de nosotras
tendremos que afrontar. Atiende a tus familiares mayores de
la mejor manera, y aprovecha la gracia y las fuerzas que Dios
te dará durante ese período. Mientras tus padres vivan, dis-
frútalos, reconoce que su presencia en tu vida es una bendición de Dios. Si tus padres ya están con el Señor, alaba a
Dios por las vidas que tuvieron, por el tiempo que pudiste
compartir con ellos, y procura encontrar oportunidades
para ser una bendición en la vida de otras personas ancianas
que tal vez se sientan solas u olvidadas.

Dios recompensó a Rut por su devoción, honor y fidelidad a Noemí. También te bendecirá y recompensará a ti.

SECCIÓN 2

OCHO DISTRACCIONES FATALES

Capítulo 8

Distracciones fatales: Los asesinos silenciosos

DISTRACCIONES FATALES:
LOS ASESINOS SILENCIOSOS

En la primera parte de este libro consideramos algunas situaciones que sin duda son inquietantes para las mujeres que las sufren, pero que no obstante, no necesariamente constituyen una distracción fatal ni desvían a las mujeres del plan de Dios para su vida, ya que dichas situaciones son circunstancias externas a la vida de la persona: en otras palabras, la respuesta de la persona y la intervención divina pueden alterar la situación. A continuación, sin embargo, veremos un conjunto de problemas más insidiosos, provocados por actitudes dañinas y disposiciones internas que si bien al principio pueden parecer insignificantes o incluso triviales, si las mantenemos pueden debilitar la influencia de Dios en nuestra vida y convertirse en una distracción fatal.

Dios nos exhorta a no dejar que estas distracciones fatales nos desvíen de nuestro destino. Reexaminemos el pasaje de Marcos 4:3-8,13-19:

> ¡Pongan atención!
> Un sembrador salió a sembrar. Sucedió que al esparcir él la semilla, una parte cayó junto al camino, y llegaron los pájaros y se la comieron. Otra parte cayó en terreno pedregoso, sin mucha tierra. Esa semilla brotó

pronto porque la tierra no era profunda; pero cuando salió el sol, las plantas se marchitaron y, por no tener raíz, se secaron.

Otra parte de la semilla cayó entre espinos que, al crecer, la ahogaron, de modo que no dio fruto. Pero las otras semillas cayeron en buen terreno. Brotaron, crecieron y produjeron una cosecha que rindió el treinta, el sesenta y hasta el ciento por uno. «El que tenga oídos para oír, que oiga», añadió Jesús ...

—¿No entienden esta parábola? —continuó Jesús—. ¿Cómo podrán, entonces, entender las demás?

El sembrador siembra la palabra.

Algunos son como lo sembrado junto al camino, donde se siembra la palabra. Tan pronto como la oyen, viene Satanás y les quita la palabra sembrada en ellos. Otros son como lo sembrado en terreno pedregoso: cuando oyen la palabra, en seguida la reciben con alegría, pero como no tienen raíz, duran poco tiempo. Cuando surgen problemas o persecución a causa de la palabra, en seguida se apartan de ella. Otros son como lo sembrado entre espinos: oyen la palabra, pero las preocupaciones de esta vida, el engaño de las riquezas y muchos otros malos deseos entran hasta ahogar la palabra, de modo que ésta no llega a dar fruto.

En esta parábola, Jesús enseñó a sus discípulos acerca de la importancia de la Palabra. No basta con tener la Biblia en un estante de la biblioteca; debemos dedicar tiempo y esfuerzo para leer la Palabra con el fin de que sea productiva y dé fruto en *nosotros*. Según esta historia, un sembrador salió a sembrar. Mientras esparcía las semillas, algunas cayeron en suelo pedregoso, otras entre espinos y malezas, algunas más junto al camino, y otras en buena tierra.

Cada uno de estos terrenos donde cayeron las semillas es significativo en la historia de Jesús. A las semillas que quedaron junto al camino se las comieron los pájaros del cielo. Nunca echaron raíz. Nunca brotaron. Los pájaros se las comieron o las destruyeron antes de que pudieran desarrollar su potencial y que el sembrador pudiera cosecharlas para su beneficio. Las que cayeron en terreno pedregoso brotaron rápidamente, pero como no había mucha tierra, las raíces no se pudieron desarrollar y el sol marchitó las plantas antes de que pudieran formarse los granos. El terreno pedregoso es una indicación de los corazones «de piedra» de alguno en el pueblo de Dios: la semilla de la Palabra nunca se reproduce y no llega a dar plantas que lleven fruto; el resultado es un ministerio infructuoso.

A pesar de los magros resultados obtenidos en estos dos terrenos, lo más trágico fueron las semillas «perdidas», el desperdicio de las semillas que cayeron entre los espinos y las malezas. Estas semillas echaron raíz y brotaron. Tenían todo el potencial para madurar y dar fruto, granos que a su vez podrían sembrarse, que luego se reproducirían y que el sembrador podría cosechar. Sin embargo, el resultado fue lamentable:

> Las preocupaciones de esta vida, el engaño de
> las riquezas y muchos otros malos deseos
> entran hasta ahogar la palabra, de modo que
> ésta no llega a dar fruto.
>
> —Marcos 4:19

Las distracciones de la vida ahogan la Palabra de Dios y se convierten en distracciones fatales para el potencial divino de la persona.

La mayoría de nosotros nos damos cuenta de que Dios ordena los pasos de nuestra vida, pero ¿con qué frecuencia consideramos que nuestro viaje no es solo para nuestro propio beneficio? Dios ha ordenado nuestra vida para que tenga propósito *para* él. La Palabra no mora en ti para tu conveniencia o para que goces la bendición de una vida tranquila y descansada. La Palabra fue plantada en tu espíritu para que dé fruto en las vidas de las personas con quienes entras en contacto. Ahora, si bien es cierto que el seguir el plan de Dios te traerá el máximo de satisfacción y un sentido de propósito, no es menos cierto que exige una vida de obediencia y de compromiso. La Palabra debe producir tanto fruto en ti que te inspire a hacer la voluntad de Dios con fervor, pasión y compromiso.

No basta con tener la Biblia en un estante de la biblioteca; debemos dedicar tiempo y esfuerzo para leer la Palabra con el fin de que sea productiva y dé fruto en *nosotros*.

Todos tenemos un campo de influencia formado por las personas a quienes Dios nos llama a ministrar o influenciar. Dios nos ha dado a todos dones para el ministerio, que tienen un lugar, propósito y designio específico en su plan maestro, y nosotros debemos confiar en que el Señor en su fidelidad cumplirá su propósito. Nuestra tarea es ser fieles para cuidar y regar la semilla que él nos ha confiado y evitar las muchas distracciones fatales que Satanás intente poner en nuestro camino.

¡ESTAS SON LAS COMPETIDORAS!

Las mujeres en particular somos sensibles a las sutiles pero insidiosas distracciones que «se disfrazan» como algo hermoso, aunque estén completamente podridas. Piensen en un certamen de belleza para seleccionar a la señorita América, como el que tiene lugar todos los años en nuestro país. Supongamos que hay ocho finalistas, todas ellas esbeltas y bellas. Tienen los rostros maquillados con los más finos cosméticos, las lentejuelas brillan en los vestidos de fiesta que lucen, y cada una lleva sobre sus hombros un cartel donde se describe su especialidad para engañar.

Detrás del escenario, Satanás dirige el espectáculo y las hace desfilar ante el público: la primera es *Envidia*, seguida de *Soledad* y luego *Ira*. El público aplaude, y Satanás sonríe mientras la gente comienza a ver qué hermosas son las competidoras. Para no ser menos, *Amargura*, *Sufrimiento* y *Temor* se contonean por el escenario. El público contiene la respiración cuando *Rechazo* hace su entrada, hace años que es una de las favoritas del público. Satanás, sin embargo, ha reservado a la «mejor» para el final. La finalista más cautivante de todas lleva un cartel que dice «*Tú misma*». Esta distracción potencial hace cambiar la decisión de los jueces, quienes la declaran ganadora. Ella está junto a ti cuando te levantas en la mañana, cuando estás sola conduciendo tu coche, cada vez que te miras al espejo. Nadie podría discutir que *Tú misma* era la distracción más atrayente.

Uno de los problemas de las distracciones fatales es que las confundimos con la verdad más incuestionable y tal vez hasta digamos: «Pero, ¡si así es como soy!» No, ¡eso NO es cierto! Las distracciones son mentiras que surgen de las profundidades del infierno. Satanás las envía para desviarnos de nuestro destino y arrastrarnos por el camino secundario que el diablo desea para nosotras. Nunca llegaremos a nuestro destino si tomamos este «desvío». No obstante, la distracción se nos acercará y susurrará al oído: «Necesitas tomar otro camino si deseas ser aceptada, para que te quieran, para ser famosa, rica o feliz, para sentirte importante o para estar a la moda». Nada de esto es verdad: *no necesitas* sucumbir a los dictados del mundo para encontrar la satisfacción, el propósito, el gozo e incluso los deseos de tu corazón.

La distracción dice: «Toma el camino más fácil». La mayoría de las personas tendemos a evitar el conflicto, las situaciones dolorosas y los sacrificios. No nos gusta correr riesgos; sin embargo, el discipulado tiene un costo, es el precio que hemos de pagar por la unción en nuestra vida.

Las distracciones fatales no aparecerán en la vida como pecados obvios cuyas consecuencias son terribles y que por lo tanto conviene evitarlos. En la película *Atracción Fatal*, Alex era una mujer hermosa y atrayente. Era una distracción «cautivante» que atrajo al hombre y lo alejó de su esposa y de su familia. Así de insidiosa es la asechanza que Satanás prepara para los ungidos de Dios. Es fácil distraerse porque no nos produce repulsión. Puede tratarse de algo que tal vez tenga sentido con lo que pasa en nuestra vida. Quizás hasta tenga «justificación», pero será de todos modos una distracción fatal.

Encontramos un convincente ejemplo en la confrontación entre Jesús y Pedro, registrada en Mateo 16. Jesús estaba preocupado porque aunque llevaba ya tres años entre la gente, sus discípulos todavía no comprendían con suficiente claridad su verdadero propósito. Le habían visto alimentar a más de cinco mil personas en más de una ocasión, con solo unos pocos peces y panes. Le habían visto sanar a los leprosos y al lunático, echando fuera a una legión de demonios. Le habían visto desafiar las leyes de la naturaleza y caminar sobre las aguas. Le habían visto llamar a Lázaro de la tumba, revirtiendo el curso de descomposición inevitable en un cuerpo que había muerto hacía días. Le habían visto sanar al paralítico y al ciego. Sabían sin una sombra de duda que nadie podía hacer estos milagros si no tuviera el poder de Dios... Jesús era efectivamente el Mesías prometido.

Las distracciones son mentiras que surgen de las profundidades del infierno. Satanás las envía para desviarnos de nuestro destino y arrastrarnos por el camino secundario que el diablo desea para nosotros.

De todos modos, si los discípulos, que eran en su mayoría hombres sin educación, no entendieron el significado pleno del propósito de Jesús en la tierra, seguramente los jefes religiosos sí lo entenderían, ya que habían estudiado de las Escrituras. Conocían las profecías. Conocían las señales que confirmarían la identidad del Mesías venidero. Ellos también habían visto la paloma descender sobre Jesús cuando fue bautizado y habían escuchado una voz de los cielos que proclamaba: «Éste es mi Hijo amado; estoy muy complacido con él» (Mateo 3:17).

> Una distracción, en el más estricto sentido de la palabra, es cualquier cosa o persona que procura desviarnos del propósito ordenado por Dios.

Como sabía que el momento de su muerte se acercaba, Jesús anhelaba la afirmación de los más allegados, su corazón clamaba mientras le preguntaba a sus discípulos: «¿Quién dice la gente que es el Hijo del hombre?» (Mateo 16:13). ¿Habrían entendido el verdadero significado de su misión a esta tierra?

Los discípulos respondieron: «Unos dicen que es Juan el Bautista, otros que Elías, y otros que Jeremías o uno de los profetas» (v. 14).

Jesús entonces les preguntó: «Y ustedes, ¿quién dicen que soy yo?» (v. 15).

La afirmación de Pedro es una de las piedras fundamentales de la fe cristiana. Con su estilo impulsivo típico, Pedro proclamó con confianza: «Tú eres el Cristo, el Hijo del Dios viviente» (v. 16). Jesús estaba tan satisfecho con la respuesta de Pedro que lo elogió y le dio un nuevo nombre y un nuevo destino como la piedra fundamental de la santa iglesia de Dios: «Yo te digo que tú eres Pedro, y sobre esta piedra edificaré mi iglesia, y las puertas del reino de la muerte no prevalecerán contra ella» (v. 18).

¡Es una de las comisiones más poderosas de toda la Biblia! Pedro no podría haber tenido un momento más «espiritual» con su Señor y, sin embargo, acto seguido, Pedro se convirtió en la distracción fatal más peligrosa de Jesús. ¡Con qué rapidez pueden cambiar las actitudes!

Cuando Jesús comunicó a sus discípulos que debía ir a Jerusalén para ser traicionado y crucificado, Pedro intentó disuadirlo: «Señor, ¡qué necesidad tienes de morir de esa manera!» Jesús sabía discernir todas las tentaciones que Pedro no expresaba abiertamente: «No, Jesús, no tienes por qué cumplir el destino que Dios ordenó para ti desde antes de la fundación del mundo». «No tienes que sufrir la agonía de la crucifixión». «Tiene que haber otra salida más fácil, una manera mejor, un modo diferente de hacer esto».

Gracias a Dios, Jesús pudo reconocer la aseveración de Pedro como lo que en realidad era: una distracción, en el más estricto sentido de la palabra, cualquier cosa o persona que procura desviarnos del propósito ordenado por Dios. Jesús respondió inmediatamente: «¡Aléjate de mí, Satanás!» (v. 23). En ese momento, además, Jesús identificó el verdadero origen de todas las distracciones fatales. Todo el plan de salvación pendía de un hilo por la respuesta de Jesús a la sugerencia de Pedro. La raza humana no se hubiera salvado si Jesús se hubiese dejado tentar por esa distracción fatal. El plan presentado en Génesis, justo después de la caída de Adán y Eva, se hubiera frustrado y no se hubiera podido cumplir si Jesús hubiera atendido las sugerencias de su «amigo». ¡Gracias a Dios que no lo hizo!

Las distracciones fatales son sutiles. Superficialmente, parecen ser beneficiosas, y hasta benignas. Incluso pudiera ser que las plantee un amigo. Tal vez parezca que satisfacen una necesidad del momento; sin embargo, de proseguirlas hasta el final, acabarán en la muerte: la muerte de la unción y del propósito y el plan divinos para tu vida.

Capítulo 9

La envidia y los celos

El rey Saúl, el primer rey de Israel, parecía tener todo a su favor: era alto, hermoso, rico y el hombre más poderoso de la nación. Era, en apariencia, el menos indicado para sufrir la distracción fatal de la envidia; ¡en todo caso, la gente debería envidiarlo a él!

Sin embargo, no fue así, y la envidia el defecto fatal del rey Saúl arruinó su vida y la de muchas personas en su entorno, costándole al final hasta su reino.

Las semillas de la envidia se sembraron en el rey Saúl cuando él y su recientemente nombrado escudero, David, regresaban de la batalla contra Goliat. Saúl quedó tan impresionado con el carácter de David, su porte y su desempeño que además de nombrarlo su escudero lo promovió a capitán de su ejército de hombres. Todo salió bien hasta el regreso, cuando oyeron a las mujeres aclamar el rotundo esfuerzo guerrero:

> Cantaban y bailaban, y exclamaban con gran regocijo: «Saúl destruyó a un ejército, ¡pero David aniquiló a diez!»
> —1 Samuel 18:6-7

En ese momento Saúl permitió que la semilla de su distracción fatal brotara en su mente. Toda misión anterior en la vida de Saúl fue reemplazada por una nueva: eliminar a David.

Tal vez la susceptibilidad de Saúl a esta distracción era debida a un sentimiento de inferioridad. Si se hubiese sentido seguro del nombramiento divino que Dios le había otorgado, no hubiera tenido motivos para sentir envidia. Hermana, recuerda siempre que las provisiones y bendiciones de Dios son más que suficiente para todos: lo que Dios da a otros de ninguna manera será en detrimento de lo que ha prometido darte a ti. Sí, Dios le dio a David la victoria sobre Goliat, pero Saúl no era menos rey de Israel porque David hubiera decapitado a Goliat. Muchas personas son como Saúl: siempre y cuando Dios las bendiga y las honre, sus vidas transcurren serenas y seguras. Basta con que Dios comience a derramar sus bendiciones, unción y poder en otros, para que asuman lo que yo llamo una «mentalidad de monopolio»... ¡actúan como si el favor y las bendiciones de Dios pertenecieran exclusivamente a ellas! Esto suele ser sucedido por un espíritu de juicio, como fue el caso en la vida de Saúl. Cuando escuchó la canción de las mujeres, dijo: «A David le dan crédito por diez ejércitos, pero a mí por uno solo. *¡Lo único que falta es que le den el reino!*» (1 Samuel 18:18, énfasis añadido).

El espíritu de juicio te llevará a concluir: *¿Quién se cree que es? Se cree que es la mejor.* O quizás pienses: *¿Qué hizo para merecerlo? ¡Sé de muchas que lo merecerían más que ella!* En vez de pensar en lo que Dios está haciendo por ti y meditar en lo que te ha prometido, te concentras, con envidia, en lo que hace por otras personas.

Si como Saúl pierdes de vista lo que Dios está obrando en tu propia vida, al final serás una víctima del mismo error que él cometió: dedicarás tu tiempo, atención y energía en tratar de estorbar lo que Dios hace en la vida de otra persona. En vez de conformar tu voluntad a la voluntad del Padre y procurar aquello que traerá crecimiento espiritual a tu vida, te volverás mezquina, malintencionada y manipuladora:

un arma en manos del diablo, cuya intención es robar, matar y destruir la vida de todos los creyentes.

Para justificar su envidia y malas intenciones con respecto a David, Saúl se convenció de que el liderazgo de su reino corría peligro. Aunque David solo había dado muestras de lealtad a Saúl y un deseo de apoyar y defender a su rey y su nación, la inseguridad de Saúl lo llevó a malinterpretar las intenciones de David. ¡Unas de las tretas del enemigo es hacernos

> **Lo que Dios da a otros de ninguna manera será en detrimento de lo que ha prometido darte a ti.**

creer que nuestros hermanos y hermanas en Cristo son nuestros adversarios!

La conducta y las actitudes de Saúl, además de obedecer a un sentimiento de ineptitud y de inferioridad, tenían sus raíces en el temor: el temor a ser reemplazado, el temor a ser superado, el temor a no ser aceptado por los demás, el temor a que Dios le diera a otros más de lo que le había concedido a él. La voluntad de Dios no es que caigamos presa de pensamientos de ineptitud y temor.

En 1 Corintios 1:30 leemos: «Pero gracias a él ustedes están unidos a Cristo Jesús, a quien Dios ha hecho nuestra sabiduría —es decir, nuestra justificación, santificación y redención». No encontraremos la suficiencia dentro de nosotros, se origina en Cristo que «lo llena todo por completo» (Efesios 1:23). ¡Él está en nosotros y en él no hay ineptitud o escasez! Si dejamos de concentrarnos en el movimiento de Dios en nuestra vida y nos distraemos fatalmente con las bendiciones de otros, tal vez olvidemos que todo lo que tenemos —todo lo que somos y todo lo que habremos de ser— es en Cristo. No permitas que el diablo te engañe para sostener una posición. Procura cumplir la voluntad de Dios en tu vida, todo lo demás vendrá por añadidura.

LA DIFERENCIA ENTRE LOS CELOS
Y LA ENVIDIA

El diccionario *Merriam-Webster* define los celos como «una disposición, actitud o sentimientos celosos».[1] El estado de sentir celos se define como la acción de ser «hostil hacia un rival o alguien que se cree tiene una ventaja».[2] Lo más perturbador de esta definición es que contiene la palabra *rival*. De más está decir que es una artimaña del enemigo para hacer creer a las hermanas en el cuerpo de Cristo que son rivales. ¿Por qué será, hermana en el Señor, que sentimos

Los deseos desmesurados provocan acciones destempladas, que perjudican tanto a la persona que ocasiona el daño como a las personas contra las que se inflige.

que debemos *enfrentarnos* en vez de *colaborar entre todas* para la obra del reino de Dios? Un rival es alguien que se empeña en conseguir una ventaja competitiva sobre otro; pero, ¿acaso no estamos en el mismo equipo? Si jugamos en el mismo equipo, ¿no deberíamos esforzarnos por lograr lo mejor para el equipo, para que los miembros del reino de Dios se enriquezcan, cobren ánimo y salgan fortalecidos? Por desgracia, la distracción fatal de los celos ha infectado a gran parte del cuerpo de Cristo, y gastamos demasiada energía en las consecuencias provocadas por los celos cuando deberíamos dedicarnos a promover el reino de Dios.

En contraposición a los celos, la palabra *envidia* se define como «conciencia dolorosa o resentimiento por una ventaja disfrutada por otra persona, acompañado por el deseo de poseer una ventaja similar».[3] Lo primero que nos llama la atención en esta definición es que la envidia implica «una conciencia *dolorosa*». ¡Piénsenlo! Un subproducto de la envidia es el *dolor*: el dolor de pensar que alguien está disfrutando algo que no poseemos, que puede ser espiritual o físico, tangible o intangible. Esto está en contradicción flagrante con las Escrituras, que nos mandan a «alegrarnos con los que se alegran», ¡nunca a *dolernos* al enterarnos de sus bendiciones!

El segundo aspecto que nos llama la atención es que además de provocar dolor, la envidia *despierta el deseo de poseer la misma ventaja*. Como este deseo se origina en la envidia, podríamos llamarlo un «deseo desmesurado», no reconocido por Dios. Los *deseos desmesurados*, aquellos que no se conforman a la voluntad de Dios y que son contrarios a la ley del amor, provocan acciones destempladas, que perjudican tanto a la persona que ocasiona el daño como a las personas contra las que se inflige.

¿Reconocen la marcada diferencia entre la envidia y los celos? Los celos provocan *hostilidad* hacia quienes consideramos nuestros rivales, hacia quienes creemos gozan de una ventaja que no tenemos. Sin embargo, la envidia va más allá: lleva implícito el *deseo de poseer la misma ventaja*. En otras palabras, cuando siento celos, soy hostil hacia otra persona porque tiene algo que yo no tengo. Cuando siento envidia, el saber que otra persona posee determinada ventaja me hace sentir tan mal que deseo poseer la misma ventaja.

¿Reconoces estos patrones en tu propia vida? Atemoriza pensarlo, ¿no es cierto? No obstante, es una realidad cotidiana tan común que no podemos pasarla por alto. Hay muchas vidas ensombrecidas por estas emociones viles y perniciosas. No nos limitemos a considerar este asunto, ¡salgamos a conquistarlo y erradicarlo!

EL COMBATE CONTRA LA ENVIDIA Y LOS CELOS

¿De dónde surgen, en primer lugar, la envidia y los celos? Franqueamos la entrada a estos sentimientos en nuestra vida cuando no nos valemos de la suficiencia que es nuestra en

Cristo, ya sea porque no sabemos que está disponible, porque no ejercemos la fuerza de voluntad para contar con ella, o porque no creemos que podemos aprovechar los principios y promesas contenidos en la Palabra. En 2 Pedro 1:2-3 leemos:

> Que abunden en ustedes la gracia y la paz por medio del conocimiento que tienen de Dios y de Jesús nuestro Señor. Su divino poder, al darnos el conocimiento de aquel que nos llamó por su propia gloria y potencia, nos ha concedido todas las cosas que necesitamos para vivir como Dios manda.

Según Pedro, la gracia y la paz pueden multiplicarse en nosotros por medio del entendimiento, la comprensión y el reconocimiento de Dios y de nuestro Señor y Salvador Jesucristo. Mientras el mundo puede decir: «Un poco de conocimiento es peligroso», yo digo: «¡La *falta* de conocimiento es peligrosa!» No es posible vivir mejor si no *sabemos* cómo vivir, e ignorar las promesas y provisiones de Dios nos dispone para el fracaso. No podemos ser plenamente la persona que Dios quiere que seamos sin saber quién y qué dice él que seremos.

En vez de concentrarnos en las cosas carnales y desperdiciar tanto tiempo y energía en procurarlas, centremos la atención en obtener las cosas espirituales mayores de que disponemos por «vivir en Cristo».

Consideremos la afirmación de Romanos 8:16-17: «El Espíritu mismo le asegura a nuestro espíritu que somos hijos de Dios. Y si somos hijos, somos herederos; herederos de Dios y coherederos con Cristo». Ser «coherederos» pone a nuestra disposición todo lo que Jesús tiene y, además, ¡todo lo que él es! Con frecuencia meditamos en las cosas físicas, materiales y tangibles que recibiremos por conocer a Cristo y vivir en él, pero los beneficios espirituales superan con creces estas cosas terrenales. En Efesios 1:3, Pablo afirmó: «Alabado sea Dios, Padre de nuestro Señor Jesucristo, que nos ha bendecido en las regiones celestiales con toda bendición espiritual en Cristo». Las mejores bendiciones de nuestro Padre Dios son las bendiciones espirituales que tenemos en Cristo. En realidad, deberíamos procurar aquellas bendiciones espirituales que resultan de conocer a Cristo y vivir en él.

«Más bien, busquen primeramente el reino de Dios y su justicia», dijo Jesús, «y *todas estas cosas* les serán añadidas» (Mateo 6:33, énfasis añadido). ¿A qué «cosas» se refiere? Al alimento, la vestimenta y el abrigo, estas cosas materiales y tangibles que él dijo que son las que busca el mundo. Según Jesús, una conducta así no es aceptable para una hija de Dios. Por cierto, si vivimos como él quiere que vivamos, promete que las bendiciones materiales serán añadidas *automáticamente*. En vez de concentrarnos en las cosas carnales y desperdiciar tanto tiempo y energía en procurarlas, centremos la atención en obtener las cosas espirituales mayores de que disponemos por «vivir en Cristo».

Todo aspecto piadoso de nuestro carácter que nos falta está en él. Pablo escribió: «Pero gracias a él ustedes están unidos a Cristo Jesús, a quien Dios ha hecho nuestra sabiduría —es decir, nuestra justificación, santificación y redención» (1 Corintios 1:30). ¿Qué hermana en la fe no querría ser sabia, justa, santificada y redimida? Estos atributos y bendiciones espirituales son producto de una relación con Cristo.

UNA MIRADA EN EL ESPEJO

Dime, ¿son tus pensamientos y conductas hacia tus hermanas creyentes menos que lo que tu Padre celestial quiere que sean? ¿Hay alguna persona a quien, como Saúl, «miras con envidia»? ¿Hay algún hermano o hermana a quien consideras una amenaza para tu posición? Si bien tal vez ocupas ese lugar porque Dios te puso ahí, la voluntad de Dios no es que seas posesiva y celosa de tu territorio, como un perro que protege su hueso. Dios es el único que abre las puertas que ningún hombre puede cerrar, como se afirma en Apocalipsis 3:8, y nadie puede *sin su permiso* quitarte nada de lo que te ha dado. Si él así lo *ordenó*, él lo *mantendrá*, ¡puedes tener esta certeza!

Hazte la siguiente pregunta: «¿Hay alguien en el cuerpo de Cristo a quien le dirijo una *atención desmedida*, alguien con quien me comparo, o con quien tal vez hasta compita?» A menudo, cuando caemos en la misma trampa que Saúl, nos volvemos competitivas, interesadas en nosotras mismas y egocéntricas. ¿Te has enfrascado en «luchas de poder» o has intentado dejar mal parado a quien percibes como tu adversario? De ser así, ¡mantente alerta! Ese no es el mandato de Dios sino una misión del diablo. El apóstol Santiago escribió:

> Pero si ustedes tienen envidias amargas y rivalidades en el corazón, dejen de presumir y de faltar a la verdad. Ésa no es la sabiduría que desciende del cielo, sino que es terrenal, puramente humana y diabólica. Porque donde hay envidias y rivalidades, también hay confusión y toda clase de acciones malvadas.
> —SANTIAGO 3:14-16

Las reiteradas conspiraciones de Saúl, sus jugarretas e intentos por eliminar a David, arruinaron su propia vida. Difícilmente llegues al extremo de provocar la muerte *física* de alguien, pero ¿eres culpable de actividades que socavan la vida espiritual, la salud o el ministerio de otras personas? ¿Propagas rumores, chismes o calumnias que socavan su autoridad o sus proyectos, o procuras debilitar la influencia que tienen sobre otros? En cierto sentido, estas actividades perjudiciales pueden ser más mortales que el más afilado de los puñales. Si le quitaran la vida natural, ese creyente simplemente iría a casa con el Señor. Sin embargo, si se destruye su influencia o se ensucia su nombre, los efectos de ese sabotaje carnal pueden tener consecuencias trascendentales, que perdurarán por muchos años. ¡Lejos esté de cualquier hija de Dios que profesa la fe involucrarse en esas conductas! Todavía más: «Eviten toda conversación obscena. Por el contrario, que sus palabras contribuyan a la necesaria edificación y sean de bendición para quienes escuchan ... Abandonen toda amargura, ira y enojo, gritos y calumnias, y toda forma de malicia. Más bien, sean bondadosos y compasivos unos con otros, y perdónense mutuamente, así como Dios los perdonó a ustedes en Cristo» (Efesios 4:29,31-32).

Hermana en la fe, recuerda que si cumples una función encomendada por Dios, ocupas un lugar de bendición, un papel honorable. Conozco un pastor consagrado que solía decir: «El verdadero éxito es cumplir la perfecta voluntad de Dios». Podemos perder de vista este hecho cuando estamos en un lugar humilde o sentimos que nadie nos aprecia. Ideas aciagas comienzan a rondar nuestra mente y creemos que nos pasan por alto, no nos valoran debidamente, y no nos aprecian. «¿De qué me sirve ser quien soy?», nos preguntamos enojadas, y miramos con envidia, con resentimiento, a quienes creemos que están mejor que nosotras. Si no nos deshacemos de esos pensamientos dolorosos, contraproducentes y negativos, pronto echarán raíces en nuestras afirmaciones verbales y acciones, y en vez de seguir confiando en los buenos planes y propósitos de Dios, firmes en la certeza de que a su debido tiempo Dios nos exaltará, echamos mano de nuestros propios medios.

Es cierto, comprendo que puede haber momentos en tu vida en los que no te sientas satisfecha con lo que haces y

adónde te diriges. Una insatisfacción *saludable* siempre con-
ducirá a un crecimiento positivo. Sin embargo, el deseo de
«ser mejor» o «seguir adelante» en *cualquier* aspecto de la
vida personal, profesional o espiritual *nunca* debería ser a
expensas de la salud de otros o de la propia. Las búsquedas
cuya naturaleza y origen son divinos nunca violarán los principios bíblicos articulados claramente en la Palabra de Dios,
y nunca nos harán caer en el tipo de actividades reseñadas
por el apóstol Santiago:

> ¿De dónde surgen las guerras y los conflictos
> entre ustedes? ¿No es precisamente de las
> pasiones que luchan dentro de ustedes mis-
> mos? Desean algo y no lo consiguen. Matan
> y sienten envidia, y no pueden obtener lo que
> quieren. Riñen y se hacen la guerra. No tie-
> nen, porque no piden. Y cuando piden, no
> reciben porque piden con malas intenciones,
> para satisfacer sus propias pasiones.
> —SANTIAGO 4:1-3

Hermana en la fe, ¿cuál es tu motivación? ¿Anhelas pro-
fundizar en las cosas de Dios, ser una vasija para el ministerio íntegra, completa, acabada, como has sido predestinada?
¿Están tu corazón, mente y espíritu prontos para la obra de
Dios en tu vida? ¿Estás atenta para escuchar el más suave
susurro del Espíritu o su llamado?

¿*Cuál es tu motivación*? ¿Te inspira todavía la presencia
de Dios, te sobrecoge y te llena de temor? ¿Clama tu alma
por Dios como el ciervo brama por las corrientes de agua?
¿Encuentras que tu mente vaga hacia el cielo en el transcurso del día? ¿Vienen a tu mente pasajes de las Escrituras o las
palabras de un himno en el devenir de tu jornada diaria? ¿Te
asemejas lamentablemente a Saúl, ya que tus pensamientos

se ocupan en cómo puedes «sacar ventaja» y sientes celos de toda persona que consideres se «interpone en tu camino»?

Querida sierva de Dios, ¿recuerdas cómo era tu espíritu antes de que la envidia y los celos lo menoscabaran y desfiguraran? ¿Recuerdas el gozo que te daba escuchar testimonios de victoria, la conformidad que experimentabas cuando un colaborador del evangelio ministraba palabras de verdad?

Si las distracciones de la envidia y los celos te sujetan, espero que clames a Dios en arrepentimiento y dejes que él encamine tus pasos para hacer su voluntad en tu vida.

LAS DOS CARAS DE LA MONEDA

Ambas caras de la moneda de la envidia y los celos son mortales. Por una parte, conozco miles de mujeres que han sido atrapadas por la envidia y los celos, y ellas son inmensamente desgraciadas. La otra cara de la moneda es la mujer víctima de alguien atrapada en estas distracciones fatales.

Una mujer que haya sido objeto de la envidia o los celos de otra persona ha debido soportar fuerzas maliciosas y destructivas con gran potencial para arruinar su vida. Puede haber visto disminuida su influencia si la persona celosa la calumnió. Puede haber tenido que lidiar con secretos, rumores y acusaciones falsas, o haber sido mal mirada o tolerar

> **Si cumples una función encomendada por Dios, ocupas un lugar de bendición, un papel honorable.**

que otros se formaran una mala opinión de ella. Si es activa en el ministerio, tal vez tuvo que ponerse de pie ante la gente y ministrar bajo el peso de tener que defenderse de la condenación, no de *Dios* sino de la congregación que la juzgaba erróneamente.

¿Qué lado de la moneda te ha tocado en suerte? ¿Qué mujer eres? ¿Sientes celos, envidia o rencor? ¿Eres la persona que el enemigo usa para quitar la felicidad y la eficacia a otros? ¿O eres la víctima inocente, agotada por la batalla pero con la determinación de seguir avanzando hasta la victoria?

Si has sido una víctima, oro de corazón para que hayas dejado que Dios te sostuviera y te guardara. Arrepiéntete si has respondido negativamente o de manera poco cristiana a las maléficas rachas de envidia y celos que han soplado sobre ti. Reafirma en tu ser que «las armas con que luchamos no son del mundo, sino que tienen el poder divino para derribar fortalezas» (2 Corintios 10:4). Pide a Dios que te infunda amor hacia tus perseguidores. Recuerda que Jesús dijo:

> Dichosos serán ustedes cuando por mi causa la gente los insulte, los persiga y levante contra ustedes toda clase de calumnias. Alégrense y llénense de júbilo, porque les espera una gran recompensa en el cielo. Así también persiguieron a los profetas que los precedieron a ustedes.
> —MATEO 5:11-12

Si te corresponde la otra cara de la moneda, eres culpable de celos o de envidia, te exhorto a que te arrepientas ante Dios, en este mismo instante. Reconoce delante de él las actitudes pecaminosas de tu vida. Entiende que el enemigo ha utilizado tu actitud para robar, matar y destruir a otros. Pero por sobre todo, quiero que sepas que Dios te ama y que el deseo de su corazón es traer liberación y restauración a tu vida. Él es tu Pastor y nada bueno te faltará porque él es el todo en todo. La plenitud de todo lo que él es, mi hermana, ya es tuya; por lo tanto, no hay necesidad de codiciar las posesiones, posiciones o influencias de otras personas. Eres una hija de Dios, hecha a su imagen y semejanza, eres la «niña de sus ojos», y nada te faltará en él. Él tiene más que suficiente para ti y para el resto de los miembros del cuerpo de Cristo.

Conforme te arrepientes ante Dios y dejes que te limpie, purifique y restaure, te animo a que des un paso más. En Lucas 19, en ocasión de la visita de Jesús al hogar de Zaqueo, este se arrepintió y prometió: «Mira, Señor: Ahora mismo voy a dar a los pobres la mitad de mis bienes, y si en algo he defraudado a alguien, le devolveré cuatro veces la cantidad que sea» (Lucas 19:8). Si te arrepientes de verdad, darás un paso más y le pedirás a Dios que te ayude a restaurar la vida de aquellos a quienes has lastimado. Aunque al principio duden de tus intenciones (y con razón ¿no es cierto?), si tu arrepentimiento es auténtico y realmente deseas de corazón corregir tus errores, pronto comprenderán

Eres una hija de Dios, hecha a su imagen y semejanza, eres la «niña de sus ojos», y nada te faltará en él.

los motivos de un corazón puro. Después de hacer esto, persevera en el plan de Dios para ti y resiste las distracciones de la envidia y los celos. Como escribió Pablo en Gálatas 5:1: «Cristo nos libertó para que vivamos en libertad. Por lo tanto, manténganse firmes y no se sometan nuevamente al yugo de esclavitud».

CAPÍTULO 10

La soledad

Génesis 2:18 dice: «Luego Dios el Señor dijo: "No es bueno que el hombre esté solo"». Con estas palabras, Dios confirmó la necesidad de las relaciones humanas y comenzó el proceso que introduciría la primera relación entre dos seres humanos.

En la creación del mundo, Dios primero creó un medio ambiente perfecto para la humanidad: hizo las estrellas, el sol y la luna, la tierra y todo lo que en ella hay los océanos, los bosques, las aves, los peces y otros animales y luego remató su obra con la creación culminante: el hombre. Dios creó al hombre para que dominara sobre todo lo creado, y le asignó a Adán la tarea de dar nombres a los animales según correspondiera. No sabemos cuánto tiempo vivió Adán solo en el paraíso, pero sí sabemos que mientras ponía nombre a los animales, se dio cuenta de que ninguna de estas criaturas era como él. En ese sentido, estaba solo.

Sin embargo, Dios el amante Creador de Adán ya conocía de antemano esta necesidad de relación humana, y como resultado, cariñosamente tomó una costilla de Adán y dio forma a la primera mujer, Eva.

¿Se imaginan el escenario? Adán y Eva gozaban de una relación perfecta, no estropeada por el pecado. Nada interfería en su comunicación ni entre ellos, ni en el amor del uno por el otro. Su relación era la plataforma para todas las demás relaciones humanas: la marital, la familiar, la platónica y la no platónica, y todas las demás. El hombre nunca más estaría solo porque desde el momento de la creación de Eva, siempre habría más de un ser humano sobre la tierra. Sin embargo, después de la caída, aunque ni el hombre ni la mujer estarían verdaderamente solos —como Adán había estado al principio—, el concepto de soledad apareció por desgracia en la escena.

A SOLAS, PERO NO SOLO

Es posible estar a solas y sentirse completamente feliz y satisfecho; así como también es posible sentirse solo y estar rodeado de gente. Estar *a solas* es «estar separado de otros: aislado, excluido de cualquier persona o cosa».[1] La *soledad*, en cambio, se define como «la condición de sentirse solo, sin compañía, desolado, lo que produce un sentimiento de desamparo o desolación».[2] La idea de estar *a solas* enfatiza más una condición física que la idea emocional implícita en la palabra *solo*. Si nos encontramos en solitario (a solas) puede ser señal de un aislamiento intencional, pero la combinación de las palabras *sentirse solo*, «sugiere tristeza y un sentimiento de pérdida». La palabra *soledad* agrega a la condición física de estar a solas la idea de un anhelo de compañía.

Estar a solas es principalmente una realidad física; la soledad es un estado mental.

En esencia, estar *a solas* no necesariamente implica que alguien se *sienta solo*, y *sentirse solo* no necesariamente se debe a que alguien esté *a solas*. Estar a solas es principalmente una realidad física; la soledad es un estado mental.

La soledad se convierte en una distracción fatal cuando nos produce tristeza y abatimiento, y un sentimiento de desolación que puede llevarnos a perder de vista la promesa de Jesús: «Nunca te dejaré; jamás te abandonaré» (Hebreos 13:5).

Tal vez te encuentres sola por factores logísticos: eres soltera, no tienes hijos o quizás te acabas de mudar a una nueva ciudad o localidad. Eso no implica, sin embargo, que debas sentirte sola. La soledad depende en gran medida de cómo te sientes mentalmente además de físicamente. Una mujer puede estar casada, tener una casa llena de niños o estar rodeada de compañeros de trabajo y amigos, y a pesar de todo ello sentirse la persona más sola del mundo. Su sentimiento de soledad suele ser interno, y puede creer que si verbalizara sus sentimientos, la gente se burlaría de ellos o se lo reprocharían. «¿Cómo puedes sentirte tan sola», preguntarían, «cuando tienes un marido tan encantador y dos hermosos niños?» A pesar de las personas a su alrededor, la realidad de la soledad la cubre como un manto.

En ocasiones, la gente ni siquiera se da cuenta de que vive en soledad. Hay diversas maneras en que podemos disimular nuestra soledad: ocupadas de lleno en el ajetreo de la vida, comprando bienes materiales para nuestro hogar mientras procuramos tener más y más dólares o, incluso, participando activamente en el trabajo de la iglesia en vez de en la obra del reino. Pero al fin y al cabo, si no extirpamos la raíz de nuestra soledad, atormentará nuestro corazón tan pronto como nos echemos a dormir de noche y hasta que despertemos a la siguiente mañana.

La distracción de la soledad produce *un eco en el alma*, una reverberación de pensamientos y preguntas en nuestro espíritu, por causa de un sentimiento de vacío: *¿Alguien me ve? ¿Alguien sabe lo que estoy pasando? ¿Alguien me comprende? ¿A alguien le importa lo que me pasa?*

He atravesado momentos en mi vida cuando, aunque estaba acompañada de seres queridos que me apoyaban, he tenido que lidiar como la más absoluta y profunda soledad. No sé cuáles eran las *causas*, pero sí sé cómo me *sentía*. No se trataba de una idiosincrasia mía, muchas personas que se sienten solas no podrían con certeza explicar el porqué. Debido a esto he llegado a la conclusión de que la soledad es un ataque del enemigo contra la mente y el espíritu. Para distraernos fatalmente nos embarga con un sentimiento de aislamiento y separación. Te sientes desarraigada, desarticulada, como si no encontraras cuál es tu lugar en el grupo. Comienzas a sentirte alejada de las personas más allegadas a ti: tu esposo, tus hijos, tu familia y tus amigos. Si no te integras al grupo y te unes a otros, la distracción fatal de la soledad puede ser imposible de mitigar.

Gracias a Dios que tenemos un Sumo Sacerdote que comprende nuestros momentos de soledad. Todos los discípulos y amigos de Jesús lo abandonaron en las horas anteriores a la cruz. Jesús, sin embargo, dijo estas palabras en ese momento: «Miren que la hora viene, y ya está aquí, en que ustedes serán dispersados, y cada uno se irá a su propia casa y a mí me dejarán solo. *Sin embargo, solo no estoy, porque el Padre está conmigo*» (Juan 16:32, énfasis añadido).

Las palabras de Jesús en este pasaje son muy sencillas pero increíblemente profundas. En ellas encontramos la respuesta a la distracción fatal de la soledad: ¡*Nunca* estamos solos, y no hay necesidad de sentirnos solos, porque Dios está con nosotros!

Corazón lleno de soledad, deja que la mano cariñosa de Dios acaricie tu mente, tu corazón y tu espíritu, y eche fuera los sentimientos de desolación y desarraigo que te embargan. Abre tus ojos y mira, observa realmente dónde estás y lo que tienes por ser una hija de Dios. Eleva tu mente por encima de las circunstancias, de tu entorno y del medio en que te encuentras; reconoce que un verdadero sentido de conexión y de plenitud nunca se deberá a factores *externos* a ti; este solo puede surgir de tu ser interior. Deja de procurar conseguir la satisfacción y la identidad en recursos externos, mucho menos en otras personas, porque te desilusionarás y te retraerás, y pronto acabarás en la desolación y la soledad. ¡Denuncia esta distracción fatal de la soledad y no dejes que el día pase! Comprométete con la voluntad y el plan de Dios para tu vida y que tu plenitud venga de aquel a quien nunca nada le faltará porque su poder es inagotable.

Capítulo 11

La ira

Salomón, el más sabio de los hombres que haya existido, aparte de Cristo, dijo las siguientes palabras con respecto de las mujeres siempre enojadas: «Más vale habitar en el desierto que con mujer pendenciera y de mal genio» (Proverbios 21:19). Ten presente que este consejo lo daba un hombre que tenía setecientas mujeres y trescientas concubinas (1 Reyes 11:3). ¡Salomón sabía bien a qué se refería!

El diccionario define a la *ira* como «un fuerte sentimiento de desagrado, a menudo de antagonismo».[1] Cuando las personas actúan en forma antagónica, «se oponen *activamente* o expresan hostilidad».[2] La palabra *activamente* en esta definición implica que la ira no es fácil de ocultar. Aun cuando mantengamos las apariencias y sonriamos, si hay verdadera ira presente, de un modo u otro al final se manifestará.

La ira es una distracción fatal porque su naturaleza es muy destructiva. Si no se frena puede destruir no solo a la persona iracunda sino a todas las que encuentre a su paso.

Es interesante notar que el término en inglés para *ira* es *anger*, cuya raíz latina es *angere*, que significa «estrangular».[3] La persona abandonada a la distracción fatal de la ira procurará aplastar y estrangular al objeto de su ira; no necesariamente en sentido literal (aunque podría ser posible), pero sí en un sentido emocional y espiritual. La ira, desde el punto de vista emocional, es fatal porque ahoga la perspectiva positiva del que la sufre y hace que esa persona conciba la vida y a los demás a través de lentes hostiles y antagonistas. La ira ahoga cualquier sentimiento de misericordia, la persona abandonada a su ira ni siquiera puede desear ser misericordiosa, mucho menos expresar misericordia.

LA IRA JUSTIFICADA

Es interesante notar que no toda la ira es mala. La Palabra de Dios nos da cierto margen de flexibilidad. En Efesios 4:26 leemos: «Si se enojan, no pequen».

¿Cuándo es la ira una emoción buena y justificada? Quisiera plantear algunos ejemplos. Me enfado porque hay mujeres explotadas por la pornografía, o porque se derrama sangre inocente cuando se hacen abortos horrorosos. Siento ira justificada cuando escucho en las noticias que un niño fue secuestrado y violado, o que atacaron a una anciana para robarle.

Si no se frena, la ira puede destruir no solo a la persona iracunda sino a todas las que encuentre a su paso.

Sería un pecado no indignarme por estas cosas, y no enojarme cuando yo misma soy víctima de prejuicios o de discriminación no sería una expresión de las emociones naturales que Dios me dio. Sin embargo, mi ira me arrastra a pecar cuando no puedo dominarla de manera espiritual y bíblica. Para no abandonarme a la ira y pecar, debo confiar en la guía y el dominio del Espíritu Santo y en la ley del amor, porque el amor «no se enoja fácilmente, no guarda rencor» (1 Corintios 13:5). Debo tener siempre un conocimiento activo y práctico de la Palabra de Dios, guardando la Palabra en lo secreto de mi corazón, para no pecar contra Dios (Salmo 119:11).

La ira dominada por un sentimiento de justicia nunca procurará lastimar o destruir a otra persona, y por lo tanto, esa ira se expresará de manera piadosa. Si caminamos en el Espíritu, la ira provocada por las manifestaciones del enemigo me llevará a orar y no a chismorrear, procuraré interceder en vez de juzgar y condenar. La ira justificada me hará enojar contra el pecado sin dejar de amar al pecador y procurar su salvación.

LA IRA SIN JUSTIFICACIÓN

Si bien hay motivos permisibles para la ira y su expresión, por lo general, el tipo de ira que experimentamos no está justificada. La distracción fatal de la ira a menudo se manifiesta de modo injustificado y merece el castigo de Dios. En Mateo 5:22, Jesús dijo: «todo el que se enoje con su hermano quedará sujeto al juicio del tribunal». ¡La ira es un asunto peligroso!

En ocasiones nos enfadamos con las personas sin justificación alguna. Tal vez ni siquiera nos han molestado o pecado contra nosotros y, sin embargo, por alguna razón nos irritamos con ellas cuando las vemos. Nos enfadamos por los motivos más fútiles y banales: porque son bajas, altas, de tez clara, de tez oscura, hermosas, feas, obesas, delgadas, viejas, jóvenes... ¡no importa por qué!

Este tipo de ira es irracional y mezquino, obedece primariamente a que estamos irritados e inconformes con nosotros mismos. La mujer que ama y está feliz consigo misma no tiene necesidad ni tampoco tiempo para irritarse con características reales o imaginarias de otra persona.

¡Cómo añoro el día cuando las mujeres de todas partes puedan celebrar juntas en vez de considerarse unas a otras como enemigas! La distracción fatal de la ira lleva a la desunión porque ¿cómo podemos trabajar con eficacia si estoy irritada contigo? Hermana en la fe, dejemos a un lado estas mezquindades, malicias y riñas sin ningún motivo. ¡En vez de resistirte a la belleza o destrezas de tu hermana, celébralas!

Felicita a tus hermanas por sus atributos o talentos en vez de enojarte y tenerles aversión. Muchas veces pensamos que los hombres nos reprimen, ¡pero nadie puede hacer trizas a una mujer como otra mujer! Incluso me animaría a decir que muy pocas mujeres, si existe alguna, no han sido alguna vez objeto o instigadora de comentarios maliciosos provocados por la ira injustificada.

¿Por qué hay hoy tantas mujeres irritadas? ¿De dónde han salido todas estas emociones iracundas, hostiles y de antagonismo? Además de la ira provocada por la insatisfacción con uno mismo, la ira fatal puede ser resultado de una mujer que está enojada consigo misma. Al final de cuentas, la mujer que está enojada con ella misma es porque, por alguna causa, no se ha perdonado. Piénsenlo: una mujer que no se perdona su propio embarazo fuera del matrimonio tenderá a ser particularmente crítica y severa con las madres adolescentes solteras. Si una mujer es obesa y no se «perdona» su silueta, estará a la defensiva y se sentirá ofendida por las mujeres «esqueléticas». La persona a «quien mucho se perdona, mucho amará», y cuando somos capaces de perdonarnos nuestras propias indiscreciones y defectos, difícilmente desearemos descargarnos con otros.

Así como estaremos enojadas si no nos perdonamos, el no perdonar a otros también nos llevará a descargar nuestra ira sobre ellos. Si además de pecar por sentir ira y ser hostiles hacia otros, nos negamos a perdonar, cortamos la cadena de perdón que viene de Dios. «Porque si perdonan a otros sus ofensas, también los perdonará a ustedes su Padre celestial. Pero si no perdonan a otros sus ofensas, tampoco su Padre les perdonará a ustedes las suyas» (Mateo 6:14-15).

Conozco una mujer que no fue promovida, en su lugar ascendieron a un compañero con menos años de trabajo y menos calificado. Esta mujer estaba enojada de diversas maneras: estaba enojada con su supervisor por haberla pasado por alto; enojada con su compañero porque le «robó» la promoción; enojada con todos los nuevos empleados en general porque, en sus palabras, «siempre avanzan en sus carreras no por *lo que saben* sino por *los conocidos que tienen*». ¡Estaba incluso enojada con ella misma por haberse presentado a ese trabajo! Iba camino a ser destruida por la distracción fatal de la ira, hasta que finalmente pudo perdonar a todos los involucrados, aspirar a otro cargo y seguir adelante para disfrutar una vida propia, feliz y productiva.

El perdón y la liberación pueden librarnos de la ira irresuelta, la ira que no hemos podido aplacar. La mujer que no fue ascendida finalmente se dio cuenta de que tenía que superar su ira. Comprendió que negarse a perdonar las acciones de su supervisor y colega solo impediría el flujo del Espíritu en su propia vida. Ya había sufrido lo suficiente, se negó a seguir sufriendo y permitir que lo sucedido opacara el resto de su vida. Dios no solo le dio las fuerzas para perdonar y liberar a las partes que la habían ofendido, sino que le dio la gracia para hacerlo, porque él no quería que los efectos de la ira arruinaran la vida de su hija.

Se necesita de la gracia de Dios para librarse de la ira y liberar el perdón en una situación tan desgarradora, pero es posible porque «todo lo puedo en Cristo que me fortalece» (Filipenses 4:13).

EL BÁLSAMO DEL PERDÓN

Recuerdo que en cierta ocasión estaba muy enojada con otra mujer. Sentía que esta persona me había «traicionado», y me resultaba difícil desprenderme de la ira y la animosidad que sentía. Cada vez que la veía, volvía a tener la sensación de haber sido traicionada y resurgía la ira, a tal punto que me resultaba difícil incluso mirarla. En realidad, estaba alimentando mi ira como si fuera un bebé. Volvía a repasar la ofensa vez tras vez en mi mente, incrementando la resistencia y la oposición de mi espíritu hacia esa persona. Durante todo este tiempo, el Espíritu Santo me susurraba al corazón las palabras de Efesios 4:25-27: «Si se enojan, no pequen. *No dejen que el sol se ponga estando aún enojados*, ni den cabida al diablo» (énfasis añadido). Al final, decidí atender la convicción de mi espíritu y despojarme de la ira que sentía, así como liberar a la persona con quien estaba tan enojada.

PERO, ¿CÓMO?

Estas palabras —«Me libré de la ira»— son fáciles de decir, pero muy difíciles de hacer. Sin embargo, estaba resuelta a ser libre, por lo que decidí apartar siete días como un período de consagración al Señor. No solo ayuné y no comí, sino que apagué la televisión durante siete días. Además, durante ese período de tiempo tomé precauciones para no cruzarme con esta persona con quien estaba enojada.

El perdón y la liberación pueden librarnos de la ira irresuelta.

Mientras buscaba al Señor durante este tiempo para entender cómo «no dejar que el sol se pusiera sobre mi enojo» —¡y mi enojo ya había pasado por varios atardeceres!—, le pedí que me hiciera comprender realmente el significado de esas palabras. El Señor me dio una ilustración de cómo en mi vida cotidiana me preparaba para acostarme. Me lavaba la cara y me cepillaba los dientes. Luego tomaba del ropero la ropa y el calzado que me pondría al día siguiente, y los dejaba a la mano. Solía hacer esto siempre antes de cierta hora para poder dormir suficiente.

Dios me mostró que así como tenía el hábito de preparar todo a cierta hora antes de acostarme, también debía prepararme para librarme de mi ira a cierta hora: ¡antes de que el sol se pusiera, en este caso! Me mostró que debía hacer lo que fuera necesario, aun si implicaba llamar a la persona para arrepentirme, discutir el problema para intentar resolverlo, u orar y pedir la gracia de Dios para andar en amor con esa persona. Sin importar lo que tuviera que hacer, necesitaba hacerlo antes de que el sol se pusiera. De más está decir que, una vez que el Señor me lo dejó tan en claro, se me hizo mucho más fácil hacerlo y obedecer en ese aspecto de mi vida.

LA IRA «ARROLLADORA»

Proverbios 27:4 dice: «Cruel es la furia, y arrolladora la ira». La furia es una forma de ira más impetuosa, es una «ira o indignación violenta y vengativa» o «una ira que procura un castigo retributivo por una ofensa o delito».[4] Sentimos furor cuando hemos rumiado sobre el asunto que nos provoca la ira y alentado estas emociones. Esto sucede cuando no ponemos freno a nuestro enfado y sentimientos negativos en el momento mismo en que aparecen y nos negamos a seguir la exhortación de Pablo de destruir «argumentos y toda altivez que se levanta contra el conocimiento de Dios» y «[llevar] cautivo todo pensamiento para que se someta a Cristo» (2 Corintios 10:5).

¿Han visto alguna vez a una mujer enojada, fuera de control, que ha alcanzado el estado de poseer una ira «arrolladora»? A pesar de lo hermosa que sea, en ese momento deja de serlo ¿no es cierto? ¿Qué la caracteriza? Por lo general, una voz chillona, mejillas sonrosadas, respiración forzada y una mente completamente cerrada a la lógica. Este espectáculo escandaloso se menciona dos veces en el libro de Proverbios: «Más vale habitar en un rincón de la azotea que compartir el techo con mujer pendenciera» (Proverbios 21:9; 25:24).

Lo que me asombra aun más es que algunas mujeres se enorgullecen de su capacidad para «armar las de Caín», ya sea en su hogar, en el trabajo o incluso en la iglesia. Sus desahogos incontrolados de ira les hacen sentir erróneamente que son poderosas. Tal vez hasta se jacten: «¡Hay cosas que no voy a tolerar!»

Si tienes este tipo de mentalidad, ¡detente de una vez! Es contrario a la Palabra de Dios. Los caprichos impulsivos y «descargarte» sobre otras personas no significa que hayas dominado una situación... solo son una muestra de que la situación te dominó a ti. Considera las palabras de las Escrituras: «Más vale ser paciente que valiente; más vale dominarse a sí mismo que conquistar ciudades» (Proverbios 16:32).

El dejar escapar tu ira en vez de calmarla alentará respuestas y acciones necias. ¿No estás de acuerdo? ¿Piensas de alguna manera que eres lista cuando «estallas»? En Proverbios 14:17 leemos: «El iracundo comete locuras, pero el prudente sabe aguantar», y Eclesiastés 7:9 dice: «No te dejes llevar por el enojo que sólo abriga el corazón del necio».

Darte el gusto de airarte te hace reaccionar en vez de ser proactiva. En vez de abordar una situación y prever los problemas futuros antes de que se tornen fuera de control, estallas en respuesta a lo que enfrentas. Las mujeres solemos saber bien qué cosas nos molestan, y la mujer madura ejercerá dominio propio para no «salirse de las casillas» con facilidad. Dejar que la ira estalle y la falta de dominio propio son dos cosas que van de la mano, porque «como ciudad sin defensa y sin murallas es quien no sabe dominarse» (Proverbios 25:28).

Vive en conformidad con la Palabra de Dios y serás una nueva creación. No aceptes una vida caracterizada y gobernada por la ira.

Ser propensa a la ira desmesurada no es lindo ni atractivo, solo sirve para demostrar que tienes problemas en tu propia vida. Te exhorto a que identifiques sin demora cuáles son las áreas con dificultades en tu vida y a que luego pidas a Dios que te ayude a reconstruirlas, antes de que el enemigo te atrape aun más. Jesús dijo que «cuando un hombre fuerte y bien armado cuida su hacienda, sus bienes están seguros» (Lucas 11:21). Debes dejar que el Espíritu Santo sea tu «hombre fuerte» espiritual que cuida tu corazón. Cuando él apuntala los puntos débiles de tu vida, en particular esos aspectos que despiertan tu ira, entonces serás capaz de defender las otras esferas de tu vida que el diablo desea invadir. Entiende esto: el enemigo no se contenta con tu enfado contra un compañero de trabajo, desea que te enojes con tu jefe, con tu esposo, con tus hijos, y aun con tu pastor, «pues la ira humana no produce la vida justa que Dios quiere» (Santiago 1:20).

Apóyate en el arrepentimiento y la oración y pide a Dios que te revele exactamente qué cosas te hacen enojar. No pongas excusas y digas: «Solo me estoy defendiendo» o «Es mi personalidad», porque cuando aceptas a Cristo, él hace nuevas todas las cosas y a ti te hace una nueva creación (2 Corintios 5:17). Vive en conformidad con la Palabra de Dios y serás una nueva creación. No aceptes una vida caracterizada y gobernada por la ira. Y si has de enojarte por algo, ¡enfádate con la ira que destruye tu vida y la de quienes amas!

CAPÍTULO 12

La amargura

La historia de Job, en el Antiguo Testamento, ha venido a simbolizar la grave situación de una persona que ha soportado un gran dolor, sufrimiento y pérdida. Job, además, puede servirnos como un buen ejemplo para entender cómo evitar que la amargura invada nuestro corazón. Este hombre no solo perdió todas sus posesiones su ganado y toda su riqueza sino que perdió por muerte violenta a sus siete hijos y tres hijas. Como si esto no fuera de por sí devastador, la salud de Job se deterioró hasta que todo su cuerpo quedó cubierto de llagas dolorosas. Con todo, no pecó ni maldijo a Dios.

A pesar de su firme confianza en el Señor, Job pasó por una fase de cuestionamiento a Dios, deseaba saber por qué habían caído sobre él tantas desgracias. Cuando formuló estas preguntas a Dios, dijo: «Por lo que a mí toca, no guardaré silencio; la angustia de mi alma me lleva a hablar, la amargura en que vivo me obliga a protestar» (Job 7:11). Las calamidades que cayeron sobre Job le provocaron sentimientos de amargura, pero por fortuna pudo sobreponerse a estos sentimientos, y al final, Dios le restauró todo lo que había perdido.

Algo amargo es «desagradable o que causa disgusto, que denota acritud».[1] La amargura es un sentimiento «caracterizado por la intensidad y gravedad», una expresión de «intensa animosidad, cinismo o desdén».[2]

La persona cuya vida se caracteriza por la distracción fatal de la amargura suele ser poco alegre, porque está demasiado concentrada en la causa de su amargura y no puede ver las cosas buenas que hay en su vida. Cuando conocemos a estas personas, su amargura es evidente porque sus palabras y sentimientos las traicionan. Dios nos dice que la amargura no es aceptable en la vida de sus hijos: «Abandonen toda amargura, ira y enojo, gritos y calumnias, y toda forma de malicia» (Efesios 4:31).

Un corazón amargo a menudo se manifiesta en comentarios o «chistes» que en realidad encubren desdén. Estas frases despectivas pueden ser sutiles, como por ejemplo: «Ese vestido te quedaría bárbaro con otros zapatos». O pueden ser más directas, como cuando alguien comenta: «Esos pantalones a la rodilla están muy bien, pero ¿realmente crees que una persona de tu talla debería ponerse ese tipo de ropa?»

A una mujer amarga le resultará difícil hacer un comentario agradable de alguien porque sus palabras brotarán de un corazón envenenado. Cuando hace un comentario, otras personas piensan: *¿De dónde pudo salir eso?* ¡Desconfía de las personas amargadas, y cuídate de no ser tú misma una persona así!

ORÍGENES DE LA AMARGURA

Por desgracia, uno de los orígenes de la amargura es la gente que amarga la vida de otros, fundamentalmente porque así se sienten superiores. Puede tratarse de un jefe o un supervisor en el trabajo que aprovecha su autoridad para oprimir a sus subalternos. Fue el caso de la nación de Israel durante la esclavitud. Los egipcios «les amargaban la vida obligándolos a hacer mezcla y ladrillos, y todas las labores del campo. En todos los trabajos de esclavos que los israelitas realizaban, los egipcios los trataban con crueldad» (Éxodo 1:14).

Durante un tiempo, parecía que el pueblo de Dios estaba atrapado. Eran esclavos de Faraón y no parecían vislumbrar una salida para su cautiverio. Tal vez las actuales penurias económicas del país y el mercado laboral restringido te obligan a estar inactiva, o te hacen sentir estancada en un ambiente laboral desagradable. ¡Anímate! Así como Dios levantó un libertador hace tanto tiempo, ahora traerá tu liberación. No te desesperes y mucho menos caigas víctima de la distracción fatal de la amargura. Aprovecha esa situación opresiva para vislumbrar la luz de nuestra salvación en Cristo. No escondas tu luz debajo de un montón de resentimientos, deja que ilumine y honra a Dios en el proceso: «Hagan brillar su luz delante de todos, para que ellos puedan ver las buenas obras de ustedes y alaben al Padre que está en el cielo» (Mateo 5:16).

> **La persona cuya vida se caracteriza por la Distracción Fatal de la amargura suele ser poco alegre.**

A su debido tiempo, Dios intercedió por su pueblo, y el faraón mandó a llamar a Moisés y a Aarón, diciéndoles: «¡Largo de aquí! ¡Aléjense de mi pueblo ustedes y los israelitas! ... Llévense también sus rebaños y sus ganados, como lo han pedido, ¡pero váyanse ya, que *para mí será una bendición*!» (Éxodo 12:31-32, énfasis añadido). De una manera u otra, tú también podrás exaltar a Dios por la liberación que experimentarás en tu lugar de trabajo.

A veces podemos sentir amargura hacia una persona porque nos ha hecho mal. Algunos de nosotros podríamos repetir con facilidad el nombre, dirección, teléfono y número de seguro social de la persona que nos hizo daño.

Quisiera contarles una parábola moderna para mostrar lo que la amargura puede hacer en tu vida.

LA HISTORIA DE CHELSEA Y VALERIE

Chelsea, una agente inmobiliaria, estaba teniendo dificultades para superar un profundo resentimiento contra Valerie, su antigua y mejor amiga.

Después de años de intentar tener un hijo, Chelsea y su esposo se convirtieron en los orgullosos padres adoptivos de Corey, un niño de tres años, alegre y juguetón. Valerie era una ama de casa que cuidaba de dos varones y una niña, de nueve, seis y cuatro años respectivamente. Como madre «veterana» que era (y madrina de Corey), solía criticar a Chelsea por su tendencia a sobreproteger a Corey. Aunque Valerie a menudo había animado a Chelsea cuando se deprimía por no poder concebir, y por lo tanto entendía por qué Corey era tan preciado para su amiga, creía que la constante atención de ella sobre su hijo al final sería contraproducente. Chelsea, por otra parte, estaba convencida de que Valerie no tomaba la maternidad con la debida responsabilidad y que necesitaba ser más diligente y atenta.

Los cuatro niños habían sido invitados a una fiesta de cumpleaños en la misma fecha y a la misma hora en que Chelsea debía mostrar una propiedad exclusiva a un potencial cliente. Valerie, deseosa de que su amiga pudiera concretar la venta, se ofreció a recoger a Corey y luego traerlo de regreso a su casa después de la fiesta. Chelsea, no muy convencida, accedió.

«Debería haber seguido mi instinto», se lamenta. «Aunque Valerie era mi mejor amiga y la amaba muchísimo, no me gustaba cómo cuidaba de sus hijos. A mi entender, dejaba que se las arreglaran solos. Reconozco que cuido mucho a Corey, pero soy su madre, se supone que debo protegerlo y tomar precauciones para que esté seguro. Cuando Valerie se ofreció, dudé, pero luego cedí. La fiesta era solo por un par de horas y supuse que con todas las demás madres allí no podía pasar nada malo».

Chelsea, lamentablemente, se equivocó. Mientras Corey jugaba afuera, chocó de frente con otro niño mayor y tuvieron que llevarlo a emergencia para que le dieran unos puntos. Aunque el doctor en la clínica hizo bien su trabajo, Corey quedó para siempre con una pequeña cicatriz en su sien. Después de superar su histeria inicial, Chelsea estaba furiosa con Valerie.

«Cada vez que veo la cicatriz de Corey, vuelvo a enojarme», dice Chelsea. «¡Mi hijo se podría haber roto la *nuca*! *Toda* la culpa del accidente es de Valerie porque tendría que haber estado cuidándolo mejor. Una cosa es ser distraída con sus propios hijos, pero si se ofreció a responsabilizarse del cuidado de otros hijos, su descuido no tiene excusa».

Además de enojarse, Chelsea comenzó a fijarse en todos los defectos e imperfecciones de su amiga, y estaba muy resentida con ella. Cada vez que miraba la cicatriz de Corey, alimentaba su obsesión con el accidente y se preguntaba qué habría hecho si él hubiera muerto. «Lo que podría haber pasado» la consumía a tal grado que se olvidó de todo lo buena y cariñosa que era Valerie; además, dejó de agradecer a Dios por haber evitado un accidente peor.

Chelsea se volvió casi paranoica con respecto al bienestar de su hijo, hasta el punto de que no le permitía estar fuera de su vista. Su enojo y amargura con Valerie tensaron su amistad, y su conducta compulsiva hacia su hijo comenzó a afectar su matrimonio. Aunque culpaba a Valerie por haber «traumatizado» a su hijo y a ella, en realidad lo que Chelsea hizo fue permitir que la distracción fatal de la amargura minara su paz mental y su vida.

DEJA QUE DIOS CAMBIE TU SITUACIÓN PARA BIEN

Así como la situación de Job lo llevó a cuestionar el propósito de Dios para su vida, puede haber incidentes y desgracias que nos llevan a preguntarnos qué estará haciendo Dios; sin embargo, debemos perseverar en la confianza de que nuestras vidas no serán afectadas por nada que Dios no permita. Antes de infligir tanto daño a Job y atacarlo, el diablo tuvo primero que presentarse ante Dios; y siempre estuvo bajo la atenta supervisión divina. (Véase Job 1:12). Confía en que Dios conoce tu situación. Él conoce tanto a sus hijos que hasta «los cabellos de su cabeza están contados» (Lucas 12:7).

Si no te gusta la suerte que te ha tocado o incluso en realidad hay personas que te han hecho mal, comienza a discernir los sucesos de tu vida con el mismo espíritu que José. A pesar de que sus hermanos lo vendieron como esclavo, gracias a una serie de circunstancias ordenadas por Dios, al final se convirtió en el primer ministro de Egipto y fue pieza clave para salvar a su familia del hambre. Al morir su padre, sus hermanos tuvieron miedo, y concluyeron: «Tal vez José nos guarde rencor, y ahora quiera vengarse de todo el mal que le hicimos» (Génesis 50:15).

Debemos perseverar en la confianza de que nuestras vidas no serán afectadas por nada que Dios no permita.

Después de todo lo que pasó, José bien podría haber sentido «amargura» en vez de «dulzura» y haber buscado la manera de vengarse de sus hermanos. Por fortuna, sus hermanos le pidieron perdón: «Antes de morir tu padre, dejó estas instrucciones: "Díganle a José que perdone, por favor, la terrible maldad que sus hermanos cometieron contra él." Así que, por favor, perdona la maldad de los siervos del Dios de tu padre» (Génesis 50:16-17). Y dieron otro paso en el arrepentimiento: «Luego sus hermanos se presentaron ante José, se inclinaron delante de él y le dijeron: "Aquí nos tienes; somos tus esclavos"» (Génesis 50:18).

En tu andar con Dios, él pondrá a los enemigos «por estrado de tus pies», como reza el Salmo 110:1, y tendrás la oportunidad de tomar venganza y seguir enemistados con ellos, o de perdonarlos en amor. La amargura podría haber arrastrado a José a recordar la terrible ofensa que sus hermanos le hicieron. En vez de percibir la obra de la divina providencia de Dios, la distracción fatal de la amargura podría haber llevado a José a despreciar el pedido de sus hermanos

y negarles el perdón. Los podría haber vendido como esclavos, encarcelado o aun condenado a muerte. Sin embargo,
reconfortó y consoló a sus hermanos y les dijo: «No tengan
miedo ... ¿Puedo acaso tomar el
lugar de Dios?» (Génesis 50:19).

Cuando nos negamos a perdonar, en realidad nos ponemos en el lugar de Dios.

Conviene tener presente que
los estrados son para elevarnos a
otro nivel. Cuando usamos un
estrado es para subir, para estar más
altos. No necesitamos estrados si
no vamos a ascender, por lo tanto
¡alégrate! ¡Gracias a Dios por los «estrados»!

Cuando alguien nos pida perdón, debemos estar muy,
pero muy alertas para recordar las siguientes palabras de Jesús:

> Así que, ¡cuídense! Si tu hermano peca,
> repréndelo; y si se arrepiente, *perdónalo*. Aun si
> peca contra ti siete veces en un día, y siete veces
> regresa a decirte «Me arrepiento», *perdónalo*.
> —Lucas 17:3-4, énfasis añadido

En ninguna parte de este pasaje Jesús nos manda a «ana-
lizar» el arrepentimiento o a determinar si «lo sienten de
verdad» o a preguntarnos si comprenden lo que nos hicieron. La sinceridad de quien pide perdón no es asunto nuestro; nosotros debemos responder debidamente, eso es lo
que se requiere de nosotros.

Cuando nos negamos a perdonar y, en cambio, optamos
por reafirmar nuestra falta de indulgencia y nuestra amargura, ¡en realidad nos ponemos en el lugar de Dios! ¿Podría
alguno de nosotros pagar la deuda de pecado que le debemos a Dios? ¿No estaríamos irremediablemente perdidos si
no hubiera sido por la obra redentora de Cristo en la cruz y
la disponibilidad de la salvación que libremente nos ofreció?
Pablo argumentó en Romanos 3:23-27:

Pues todos han pecado y están privados de la gloria de Dios, pero por su gracia son justificados gratuitamente mediante la redención que Cristo Jesús efectuó. Dios lo ofreció como un sacrificio de expiación que se recibe por la fe en su sangre, para así demostrar su justicia. Anteriormente, en su paciencia, Dios había pasado por alto los pecados; pero en el tiempo presente ha ofrecido a Jesucristo para manifestar su justicia. De este modo Dios es justo y, a la vez, el que justifica a los que tienen fe en Jesús. ¿Dónde, pues, está la jactancia? Queda excluida. ¿Por cuál principio? ¿Por el de la observancia de la ley? No, sino por el de la fe.

Puesto que agraviamos a Dios y él tuvo que perdonarnos, y la persona que te ofendió también fue perdonada por Dios, ¿qué derecho tienes, entonces, para estar resentido y negarte a perdonar?

José continuó diciendo: «Es verdad que ustedes pensaron hacerme mal, pero Dios transformó ese mal en bien para lograr lo que hoy estamos viendo: salvar la vida de mucha gente» (Génesis 50:20). José es el tipo perfecto de Cristo, ya que «cuando todavía éramos pecadores ... Cristo murió por los malvados» (Romanos 5:8,6). Hermana, no importa lo que te haya pasado, no importa cuántas maldades te hayan hecho, el amor y la gracia de Dios te ayudarán a librarte de la amargura de tu corazón y te darán el poder para perdonar a las personas que te ofendieron.

Pídele a Dios que te dé la sabiduría y el discernimiento espiritual que le dio a José, para que puedas ver el bien que él obrará a partir de tu situación. Si lo haces, serás una persona mejor, no estarás amargada, y caminarás en las bendiciones que Dios ha destinado especialmente para ti.

Capítulo 13

El sufrimiento y el quebranto

EL SUFRIMIENTO Y EL QUEBRANTO

Hace muchos años, Whitney Houston popularizó la letra de una canción llamada «¿Dónde van los corazones rotos?» En su momento, encabezó la lista de las canciones más populares y estaba en los labios de muchas mujeres de los Estados Unidos.

¿Por qué fue tan popular? Sin duda se debió en parte al talento de Whitney Houston, pero también la letra de la canción tuvo tanto éxito porque planteaba una distracción fatal con la que muchas mujeres se identifican: el sufrimiento y el quebranto. Según el diccionario, lastimar es «causar dolor emocional o angustia; ofender o disgustar».[1] Cuando sufrimos «sentimos dolor o pena, pasamos necesidad, o nos han causado daño y disgusto».[2]

Muchas mujeres en el día de hoy están literalmente «heridas». Hay millones que hacen sus actividades diarias, manteniendo la fachada de que todo marcha bien en su mundo, cuando por dentro están dolidas, lastimadas y quebrantadas.

Estas mujeres, cuando conocieron a Jesucristo en su plenitud y pasaron a ser parte de la iglesia, adoptaron rápidamente una mentalidad de que «todo va a estar bien». En cierto sentido, todo va a estar bien porque sus pecados fueron lavados; sin embargo, en otro sentido, muchas pronto se golpearon contra la realidad: aprendieron que andar en el reino de Dios no era ninguna garantía para que todo fuera «color de rosa». Ser cristiana no les aseguraba quedar libres del sufrimiento o el quebranto.

Todas en algún momento de nuestro caminar cristiano hemos tenido este choque con la realidad, cuando descubrimos que ser salvas no nos libraba de ser tratadas injustamente o de las constantes dificultades, pruebas y aflicciones. Tener a Jesús en el corazón no necesariamente implica que nuestro corazón nunca más será destrozado.

¿Sabes lo que es soportar el dolor de un corazón destrozado? Cuando algo se rompe, «se separan violentamente las partes de un todo, se destruye la unión, se hace trizas».[3] Sabemos que el corazón es mucho más que un órgano de tejido muscular en nuestro pecho que bombea sangre a todo el cuerpo. En sentido figurado, el corazón es el centro de todas las emociones y los afectos. Como la mente es nuestro componente intelectual, el corazón es el asiento de nuestras emociones.

LAS RELACIONES ROTAS CON LOS HOMBRES

A todas nos han destrozado el corazón en algún momento u otro. Y para la mayoría, la principal causa de tanto sufrimiento fue la desilusión de una relación insatisfactoria, distante o rota. Cuando anteriormente consideramos la vida de Lea, quien estaba casada con Jacob, al que quería muchísimo, vimos que amaba a un hombre que nunca la amó y que jamás correspondería a su amor, porque estaba tan enamorado de su hermana, de Raquel, como para trabajar durante catorce años para poder casarse con ella. Imagínense la humillación de Lea cuando Jacob descubrió que era ella y no Raquel quien yacía en la cama matrimonial y cuando luego accedió a trabajar siete años más para poder casarse con su hermana. Aun después de haber dado hijos a Jacob, nunca pudo conquistar su amor.

Encontramos otro ejemplo bíblico de una mujer que padeció el dolor de una relación frustrada en Mical, la esposa de David. Su padre, Saúl, la usó como un peón en el juego del poder y se la ofreció a David para espiarlo y conocer sus intenciones. En los primeros meses de su matrimonio Mical se separó a de su marido, ya que David tuvo que huir de su padre, y el tiempo que este debía haber dedicado a su esposa lo pasó con otras mujeres.

> **Como la mente es nuestro componente intelectual, el corazón es el asiento de nuestras emociones.**

¿Qué habrá sentido Mical durante ese tiempo? Ella amaba tanto a David que aun el rey Saúl, su padre, lo sabía y se enfadó (1 Samuel 18:28). Amaba tanto a David que trastornó los planes de su padre para asesinarlo y le ayudó a escapar. (Véase 1 Samuel 19:12-17.)

Si bien gracias a su ayuda David se salvó, el hecho fue que Mical alejó a su esposo de su vida. Se había escapado de Saúl, pero todavía era un fugitivo, y finalmente tomó por esposa a otras dos mujeres: a la hermosa Abigaíl, la viuda de Nabal, y a Ahinoham de Jezreel. Al final Mical fue dada por esposa a otro hombre: «Saúl, por su parte, había entregado su hija Mical, esposa de David, a Paltiel hijo de Lais, oriundo de Galín» (1 Samuel 25:44).

En primer lugar, Mical no pudo disfrutar su matrimonio con el hombre que amaba y, para colmo, la entregaron como esposa a otro hombre. Puedo imaginar el dolor y la desilusión que debió haber sentido al saber que su cultura permitía que David se casara con otras mujeres y que el odio de su padre por David hizo que la entregara a otro hombre. Es evidente que la distracción fatal de la amargura acabó dominándola, porque cuando David regresó triunfante, ella fue muy crítica con él en vez de regocijarse por su regreso. (Véase 2 Samuel 6:16,20.)

En el Nuevo Testamento hay más ejemplos de mujeres con el corazón destrozado: la mujer al lado del pozo que tenía cinco maridos, la mujer encontrada en el acto de adulterio y la mujer tan quebrantada por su vida de pecado que lavó los pies de Jesús con sus cabellos. Todas podemos identificarnos con al menos una de las mujeres que he mencionado.

RECHAZO

Prácticamente cualquiera puede identificarse con un corazón destrozado, ya se trate de un santo o de un pecador. Al igual que el rechazo, el sufrimiento y el quebranto son distracciones fatales acompañadas por el dolor: un dolor emocional que puede ser tan intenso que se siente como un dolor físico. El dolor se define como «angustia o sufrimiento agudo mental o emocional; pena».[4] Si bien el dolor físico puede ser difícil de soportar, el dolor emocional es muchísimo peor. El dolor emocional cala hondo en nuestra alma y espíritu, dejándonos entumecidos y paralizados.

Recuerdo cuando sufría la pena y el dolor por el fallecimiento de mi marido. El dolor de esa pérdida hizo que me retrajera de la vida. De no haber sido por la gracia y la intervención sobrenatural de Dios, hubiera sucumbido a esta distracción fatal y llevado una existencia consumida por el dolor. Con el tiempo sané y pude recuperar la vida, hasta poder compartir nuevamente mi corazón en amor. Habiendo amado profundamente a un hombre, estaba más inclinada a derramar todo mi corazón en una relación prometedora con otro hombre respetable y bien parecido. Aunque vivía en otra ciudad, nos escribíamos con frecuencia y aprovechábamos todo el tiempo posible para estar juntos. Todo parecía ir bien; mi amor recién descubierto y yo éramos muy compatibles, teníamos ideas espirituales similares y disfrutábamos mucho de nuestra compañía. Una noche, al terminar una conversación telefónica especialmente agradable, me dijo que tenía que salir a hacer un mandado y que me llamaría más tarde. ¡Ese «más tarde» se prolongó por dos años! Durante dos años no tuve noticias de él, ni una llamada telefónica, ni una carta, ni un mensaje. Fue como si se lo hubiera tragado la tierra, y yo quedara en el camino.

No tengo palabras para expresar la angustia y el dolor que experimenté durante esos dos años. Al principio, pensé que debía estar muy ocupado; tenía un trabajo exigente y en ocasiones trabajaba largas y agotadoras horas. Cuando los días transcurrían y no respondía a mis llamadas, mi despreocupación se transformó en alarma, y cuando descubrí que todavía estaba vivo, mi alarma se convirtió en rabia y, finalmente, en un dolor profundo e insoportable.

Si bien el dolor físico puede ser difícil de soportar, el dolor emocional es muchísimo peor.

Tenía muchas preguntas: ¿Por qué había dejado de responder a mis llamadas? ¿Por qué me había dejado así como así? ¡Me había dicho que me amaba! En vez de embarcarme en una vida llena de amor y promesas, había sufrido otra pérdida pavorosamente dolorosa. Cuando no dormía solo sentía dolor: el dolor de su rechazo, el dolor de no entender por qué, el dolor del amor no correspondido, el dolor de estar sola, el dolor de la duda, la inseguridad y el temor.

Durante esos dos años, me levantaba todas las mañanas e iba a trabajar, almorzaba con mis compañeros del trabajo e incluso obtenía buenas evaluaciones en mi desempeño. Visitaba a mi madre, salía con mis hermanas, me reía con mis hermanos y jugaba con mis sobrinos y sobrinas. Seguí asistiendo a la iglesia, ¡e incluso presidí la junta misionera! Sin embargo, todo ese trabajo, toda esa vida, todo ese ministerio estaba cubierto por un manto de dolor.

Al final, llegué al punto en que no podía soportar una pérdida más, y decidí que ya no quería vivir. Conduje a un lago en las cercanías, estacioné el auto cerca de la orilla, y miré a mi alrededor antes de acelerar. Sin embargo, cuando iba a poner el cambio, me sobresaltó el grito de un hombre: «¡Deténgase! ¿Qué está haciendo?» No pude ver a nadie y estaba tan atemorizada que puse reversa y me fui rápidamente del lugar. Mientras conducía de regreso a casa, temblando y sollozando, el Espíritu Santo habló a mi mente cansada y confundida:

> Si paz cual un río es aquí mi porción,
> Si es como las olas del mar.
> Cualquiera mi suerte es ya mi canción
> «Está bien, con mi alma está bien».[5]

Las palabras poderosas de un conocido himno pusieron fin a una distracción que casi se vuelve fatal y pude recuperar una vida renovada, sana y plena.

LAS RELACIONES ROTAS CON LAS MUJERES

Podemos experimentar el sufrimiento y el quebranto en las relaciones tanto con hombres como con mujeres. Agar era una mujer que sufrió mucho dolor por causa de ambos. Como sierva de Sara, su vida no le pertenecía, y las circunstancias acabaron por trastocarla. Sara deseaba tanto tener un hijo, que estaba dispuesta a hacer cualquier cosa, incluso que su esposo Abraham concibiera con su sierva. La desventurada Agar no tenía otra opción que obedecer a su señora y servir como intermediaria para que naciera un bebé.

En cierta manera, y por obligación, Agar tuvo que tener una relación sexual con el marido de su dueña, y concibió y le dio un hijo a Abraham. En determinado momento la injusticia de la situación y el más absoluto desinterés de Sara por los sentimientos de Agar, hicieron que esta última mirara con desprecio a Sara. El resentimiento fue tal que al final Agar no pudo ocultar su desdén.

Sara, consumida por los celos del embarazo de Agar, y tal vez por el remordimiento de su nefasto plan, comenzó a asumir una actitud de «yo soy la que manda» hacia Agar, y según dice la Biblia comenzó a maltratarla (Génesis 16:6). El sufrimiento producido por su esterilidad hacía que Sara respondiera negativamente hacia Agar. ¿Pueden imaginarse la atmósfera que se vivía en ese hogar? No pudiendo soportar más el trato de Sara, Agar finalmente huyó para evitar la situación.

Muchas mujeres hoy siguen el ejemplo de Agar: Si bien no tienen la libertad para huir físicamente de una situación dolorosa, «huyen» de otra manera: comen en exceso (o dejan de comer), hacen compras compulsivamente, duermen demasiado, miran televisión todo el tiempo, toman calmantes o antidepresivos, o manifiestan otras conductas autodestructivas.

Agar huyó físicamente, pero Dios la buscó en medio de su huída y le infundió confianza y esperanza. Aunque le mandó volver a la casa de Sara y someterse a ella, también la consoló revelándole el nombre de su hijo y su futuro. El Señor la consoló, le dijo que había escuchado su clamor y visto su aflicción (Génesis 16:11). Su futuro podía ser incierto, no sabía cómo la recibiría Sara cuando volviera, pero Agar confió en la certeza del conocimiento de que Dios estaba con ella y cuidaba de ella y de su hijo (Génesis 16:13).

No sabemos cómo se las arregló cuando regresó, pero sí sabemos que Agar y su hijo, Ismael, vivieron en la casa de Abraham durante al menos trece años más. Me pregunto si Agar y Sara se hicieron amigas. Aunque siempre hubo una rivalidad entre ellas que se transmitió a sus hijos.

Además de con las relaciones rotas, un corazón roto es algo con lo que todos podemos identificarnos, seamos santos o pecadores. Mientras reflexionaba sobre la distracción fatal del sufrimiento, pensé en las mujeres que he aconsejado en el transcurso de los años, mujeres en distintas etapas del dolor. También pensé en los diferentes mecanismos a los que recurrían para soportar ese dolor; porque como el rechazo, el sufrimiento y el quebranto son distracciones fatales acompañadas de angustia... un dolor emocional tan real que puede confundirse con un dolor físico. En realidad creo que, en gran parte, es la manera de enfrentar el dolor lo que hace del mismo una distracción tan fatídica.

Aunque es difícil vivir oculta tras una máscara, más difícil es vivir detrás de una máscara que oculta el dolor. Como afirmé al comienzo de este capítulo, el dolor se define como un sentimiento de «angustia o sufrimiento agudo mental o emocional; pena».[6] El dolor físico de por sí ya es difícil de soportar, pero creo que el dolor emocional es muchísimo peor. El dolor emocional cala en lo profundo de nuestra alma y espíritu y nos deja entumecidos y finalmente paralizados. Hacemos los movimientos propios de la vida e incluso del ministerio trabajamos, cuidamos de nuestra familia, vamos a la iglesia y hasta predicamos y enseñamos a otros pero el dolor no ceja, está tan presente como nuestra mano derecha, no parece aliviarse con nada ni irse. En ocasiones el dolor emocional y la aflicción pueden ser tan fuertes que, si bien puedes no llegar al extremo de quitarte la propia vida, tal vez desees morir. ¿Dices que es imposible que un santo llegue a este estado mental? Pues considera al profeta Elías, quien habiéndose enfrentado con valor a la apostasía y la idolatría, y habiéndolas vencido, ahora estaba tan abatido y agobiado por la maldad y el odio de Jezabel que dijo: «¡Estoy harto, Señor! ... Quítame la vida, pues no soy mejor que mis antepasados» (1 Reyes 19:4).

Mi amiga Michelle me cuenta de una ocasión cuando lastimó mucho a una amiga. Michelle estaba casada con un pastor y ya tenía un reducido círculo de amigas íntimas, por lo que no deseaba admitir a nadie más a no ser solo como «una conocida». Pero ella y Le'Nora, una miembro nueva de la iglesia, congeniaron inmediatamente. Descubrieron que tenían muchas cosas en común, que les gustaba reírse, conversar y pasar tiempo juntas. Sin embargo, por desgracia, el círculo de amigas de Michelle era muy unido y algunas se sintieron celosas; una de ellas en especial le advirtió: «Ten cuidado con lo que le dices a Le'Nora». Esta amiga parecía pensar que no se podía confiar en «la nueva», ya que no había sido «probada por el tiempo» como las otras amigas de Michelle.

Michelle al principio no dio importancia a estos comentarios. No sentía la misma desconfianza que su vieja amiga, por lo que no pensó mucho en el asunto. No obstante, cuando su familia se vio sacudida por una crisis que se hizo pública, con el ánimo de proteger la intimidad de su marido y la de su familia, Michelle decidió no mencionar nada con respecto a esta situación a sus amigas. Cuando Le'Nora hizo un comentario casual acerca de la crisis, Michelle se acordó de la advertencia de sus amigas. Como sabía que no había comentado la situación con su nueva amiga, se preguntaba cómo se habría enterado Le'Nora, y decidió distanciarse para protegerse.

El dolor emocional cala en lo profundo de nuestra alma y espíritu y nos deja entumecidos y finalmente paralizados.

Michelle nunca le explicó los motivos de su repentina frialdad; ella de pronto estaba «muy ocupada» con otras obligaciones. Le'Nora, por supuesto, se dio cuenta de lo que pasaba, estaba siendo dejada de lado y se sintió muy lastimada por el quiebre en la relación.

Después de varios años, Michelle y Le'Nora se volvieron a vincular y reanudaron su amistad. La crisis familiar había quedado atrás y Michelle pudo por fin explicarle a su amiga por qué la había dejado tan abruptamente.

«Sentí mucha vergüenza», dijo, «pero creía que le debía una explicación. Mi prioridad había sido proteger a mi marido y a mi familia, pero acabé desconfiando de ella. Por supuesto, debí haber conversado con ella acerca del problema pero, en cambio, tuve miedo y casi destruyo lo que luego se convirtió en una entrañable y larga amistad. Le'Nora ha estado a mi lado "en las buenas y en las malas" de la vida. ¿Mis otras amigas? Pues, ni siquiera nos mantenemos en contacto».

OPORTUNIDADES PERDIDAS

Así como las relaciones rotas pueden causar dolor, las oportunidades perdidas pueden hacernos experimentar la distracción fatal del sufrimiento. Pensamos en lo que podríamos haber hecho, o en lo que deberíamos haber hecho pero no hicimos. Si al menos pudiéramos retroceder en el tiempo y empezar de nuevo, ¡cuántas cosas haríamos diferente!

Este fue el caso de Esaú, quien pagó muy caro un error de juicio. En Hebreos 12:16-17 leemos que «por un solo plato de comida vendió sus derechos de hijo mayor. Después, como ya saben, cuando quiso heredar esa bendición, fue rechazado: No se le dio lugar para el arrepentimiento, aunque con lágrimas buscó la bendición».

¿Se identifican con el corazón destrozado de Esaú? ¿Todavía sufres las consecuencias de malas decisiones tomadas en el pasado? ¿Aún te duelen las oportunidades perdidas? Estas oportunidades perdidas nos remuerden la conciencia y nos sentimos apenados por los errores que cometimos, pero, además, no podemos encontrar la gracia para perdonarnos.

Recuerdo que hace algunos años lastimé mucho a una persona, de muchas maneras. Esta persona me había prestado su auto y mientras lo usaba tuve un choque. El auto no tenía seguro y yo no tenía dinero. Cuando le devolví el coche destrozado, ella tuvo que hacer las reparaciones porque era su único medio de transporte. Me sentía realmente compungida por lo sucedido, pero en esos momentos no basta con sentir lo sucedido... eso no cubría los daños que había causado con mi negligencia.

Cada vez que la veía me sentía avergonzada. Ella tuvo la gracia de perdonarme de verdad, pero a mí me llevó más tiempo librarme de la angustia y vergüenza que me había provocado la situación. Tuve que aprender a perdonarme. Ahora, cuando la veo, ¡nos reímos de la vez que «le destrocé el auto y su cuenta bancaria»!

SANANDO EL DOLOR

Hay algunas cosas que debemos hacer para reencaminar nuestra vida y sobreponernos al sufrimiento. Después de pasar dos años muy apenada por haber perdido un amor, Dios encaminó mis pasos para que recobrara mi salud emocional. Lo primero que hice fue asegurarme de no desperdiciar el tiempo sin nada que hacer. Luego me saturé literalmente de la Palabra de Dios: pasaba todo mi tiempo libre meditando en las páginas de las Escrituras. Sabía que la Palabra tenía poder sanador y purificador, por lo que hacía lo posible por «lavarme» y «ungirme» con ella todos los días.

Además de llenarme de la Palabra, comencé a desarrollar nuevos niveles de alabanza a Dios. Aunque el Señor había vencido el poder que el dolor de mi relación fracasada ejercía sobre mí, quería evitar una recaída. Cuando pensaba en el hombre que me había rechazado y era difícil evitar pensar en ello aprovechaba ese momento para alabar a Dios, aunque fuera solo para decir: «Señor, te amo» o «Señor, te adoro». Sabía muchos salmos de memoria, y comencé a elevar esas palabras al Señor, las decía en voz alta cuando estaba sola y las repetía para mis adentros cuando estaba en el trabajo.

Cambié mi objetivo: del dolor pasé a la alabanza. Con ello pude tener una definición verdadera y sólida de quién era Dios, y al meditar en sus atributos, me llenó un sentimiento de reverencia y temor. Aunque los atributos de Dios parecían ser tan distintos a lo que él había permitido que sucediera en mi vida, todavía sabía que la Palabra de Dios era verdad; a pesar de lo que me hubiera pasado, era indudable que era un Dios de amor, santo, puro, fiel y justo.

Al final tomé la decisión consciente de extender el amor de Dios a mi antiguo novio. Tuve que elegir amarlo, porque humanamente era fácil odiarlo. Lo reconozco, ¡admitir esto es muy revelador! Debo ser lo bastante sincera para aceptar que mi dolor era tan grande que deseaba odiarlo pero, gracias a Dios, reconocí que tenía una opción. Podía pasar el resto de mi vida resentida con el hombre que tanto me había lastimado o podía amarlo, no con un amor romántico sino con el ágape, con amor divino.

Aprendí que la vida no es tan mala como podemos llegar a creer. Mi novio de antaño y yo a la larga volvimos a hablarnos, y aunque seguimos siendo amigos, mi vida ahora ya no depende de él. Desde el punto de vista emocional salí fortalecida, más saludable y más independiente. La gracia de Dios puede traer el amanecer de un nuevo día, y lo traerá: «Si por la noche hay llanto, por la mañana habrá gritos de alegría» (Salmo 30:5).

¿ADÓNDE VAN LOS CORAZONES DESTROZADOS?

Cuando el dolor emocional agobia nuestro ser más íntimo, gastamos tanta fuerza en soportar y contener el sufrimiento que no nos queda energía para aprovechar el poder de Dios capaz de librarnos. En mi caso, necesité la divina intervención de Dios para que me salvara; en otros casos, se necesita la oración y la intercesión de los amigos y seres queridos para romper las cadenas de esta distracción fatal.

Si mientras lees esto estás pasando por la agonía de cualquier tipo de sufrimiento, ten coraje, hay un lugar adonde tu corazón destrozado y dolorido puede ir, son los brazos de tu querido Padre celestial. David, en el Salmo 51:17, afirmó: «El sacrificio que te agrada es un espíritu quebrantado; tú, oh Dios, no desprecias al corazón quebrantado y arrepentido». Hija de Sión, ten la certidumbre de que Dios conoce tu dolor y tu quebranto. Así como vio el dolor y la aflicción de Agar y la confortó y consoló, él te ve y quiere hablarte a ti también. Abre tu corazón y tu espíritu para que su consuelo te lave y te libre de tu dolor. Encuentra inspiración en las palabras inmortales del himno: «Está bien con mi alma, está bien».

> ¿Adónde van los corazones destrozados? Te diré dónde deberían ir: a la Roca.

¿Adónde van los corazones destrozados? Te diré dónde deberían ir: a la Roca. David dijo: «Desde los confines de la tierra te invoco, pues mi corazón desfallece; llévame a una roca donde esté yo a salvo» (Salmo 61:2). Ve a la Roca que es nuestro Señor, allí calmarás tu dolor y él restaurará tu quebranto.

Capítulo 14

El temor

Los ladrones habían entrado a robar en mi casa.

Al menos eso fue lo que pensé cuando llegué a mi hogar, después de un largo viaje, y vi que la puerta del fondo estaba abierta de par en par. Después de que llegara la policía y viéramos que no faltaba nada, todo parecía indicar que el robo había sido frustrado.

El detective asignado al caso se fijó en las huellas del jardín del fondo y la percha que los ladrones habían usado para forzar la cerradura, y luego pronunció las palabras fatídicas: «Verá, posiblemente regresen». Dicho eso, me aconsejó que cerrara con llave todas las puertas, que dejara una o dos luces encendidas, y que tuviera un teléfono a mano en mi mesa de noche. Dicho eso, ¡se marchó!

A esas alturas había pasado de un estado de relativa calma al pánico más atroz. Me fui a la cama, habiendo tomado las precauciones que el policía me había indicado, pero no pude dormirme. Cada varios minutos iba a investigar todo ruido que oía, los reales y los imaginarios. De más está decir que pronto me encontré muy cansada.

Por último comencé a orar: «Señor, has dicho que no nos has dado el espíritu de temor. Sé que tú, que guardas a Israel, ni dormitas ni te duermes, ¡pero yo necesito dormir! Ven a mi dormitorio y habla a mi espíritu para que pueda descansar».

El Espíritu Santo me habló con claridad diáfana: «Tienes todo lo que necesitas dentro de ti. El policía solo dijo lo que sabía decir, y eso es lo que tú también debes hacer. Recorre las habitaciones de tu casa y di mi Palabra».

En el arsenal de las distracciones fatales, el temor es una «artillería pesada».

Y así lo hice. Comencé a caminar por las habitaciones de mi casa, citando las Escrituras: «Aunque ande por valle de sombra de muerte, no temeré mal alguno porque tú estarás conmigo». Rocié aceite en los dinteles de las puertas y declaré: «Unges mi cabeza con aceite, mi copa está rebosando. Ciertamente el bien y la misericordia me seguirán todos los días de mi vida, y en la casa de Jehová moraré por largos días». Comencé a recitar de memoria el Salmo 27:

El Señor es mi luz y mi salvación; ¿a quién temeré? El Señor es el baluarte de mi vida; ¿quién podrá amedrentarme? Cuando los malvados avanzan contra mí para devorar mis carnes, cuando mis enemigos y adversarios me atacan, son ellos los que tropiezan y caen. Aun cuando un ejército me asedie, no temerá mi corazón; aun cuando una guerra estalle contra mí, yo mantendré la confianza.

Una sola cosa le pido al Señor, y es lo único que persigo: habitar en la casa del Señor todos los días de mi vida, para contemplar la hermosura del Señor y recrearme en su templo. Porque en el día de la aflicción él me resguardará en su morada; al amparo de su tabernáculo me protegerá, y me pondrá en alto, sobre una roca.

Me hará prevalecer frente a los enemigos que me rodean; en su templo ofreceré sacrificios de alabanza y cantaré salmos al Señor.

Oye, Señor, mi voz cuando a ti clamo; compadécete de mí y respóndeme. El corazón me dice: «¡Busca su rostro!» Y yo, Señor, tu rostro busco. No te escondas de mí; no rechaces, en tu enojo, a este siervo tuyo, porque tú has sido mi ayuda. No me desampares ni me abandones, Dios de mi salvación.

Aunque mi padre y mi madre me abandonen, el Señor me recibirá en sus brazos. Guíame, Señor, por tu camino; dirígeme por la senda de rectitud, por causa de los que me acechan. No me entregues al capricho de mis adversarios, pues contra mí se levantan falsos testigos que respiran violencia.

Pero de una cosa estoy seguro: he de ver la bondad del Señor en esta tierra de los vivientes. Pon tu esperanza en el Señor; ten valor, cobra ánimo; ¡pon tu esperanza en el Señor!

Luego volví a la cama y dormí toda la noche.

En el arsenal de las distracciones fatales, el temor es una «artillería pesada». La palabra «temor» significa «sentir miedo, creencia de que algo negativo o dañino va a suceder».[1] Aunque sentir miedo suele sugerir debilidad o cobardía, y en esencia significa «sentir temor o aprensión», el temor nos hace presa de su poder.[2] Jesús predijo un tiempo en que el temor se extendería: «En la tierra, las naciones estarán angustiadas y perplejas ... Se desmayarán de terror los hombres, temerosos por lo que va a sucederle al mundo» (Lucas 21:25-26).

Hasta cierto punto, estamos viviendo ese tiempo ahora, porque el temor se ha extendido en la tierra tanto como en la iglesia. La distracción fatal del temor nos estorba, coarta y aun frustra nuestro esfuerzo por cumplir los propósitos de

150	DISTRACCIÓN FATAL

Dios. El temor paraliza; cuando nos concentramos en nuestro temor en vez de ejercitar nuestra fe, somos como el ciervo encandilado por los focos de un vehículo que se le aproxima: la muerte avanza hacia nosotros, pero estamos tan paralizados por el miedo que no podemos trasladarnos a un lugar seguro.

Es importante identificar el origen del temor, porque es obvio que no proviene de Dios. La Palabra dice: «Pues Dios no nos ha dado un espíritu de timidez, sino de poder, de amor y de dominio propio» (2 Timoteo 1:7). Según 1 Juan 4:18, «el que teme espera el castigo», y Dios no castiga por capricho a su pueblo. El temor, en realidad, se origina en las profundidades del infierno, y no debemos dejarlo entrar en nuestra vida.

¿Por qué, entonces, hay tanto temor en el cuerpo de Cristo? Con un Dios omnisciente, omnipresente y omnipotente como nuestro Padre, ¿por qué somos tan temerosos? La fe es la antítesis del temor; lo que predomine en tu corazón aniquilará a lo otro. No podemos ser creyentes victoriosos y vencedores si el temor nos impide confiar en la palabra de Dios. El Espíritu de Dios quizás nos ordena: «Lleva la barca hacia aguas más profundas, y echen allí las redes para pescar», como le dijo a Pedro en Lucas 5:4, pero por temor tal vez ni siquiera nos animemos a subir a la barca.

Cuando el ángel Gabriel se apareció a María para decirle que daría a luz al Mesías, sus primeras palabras fueron: «No tengas miedo, María; Dios te ha concedido su favor» (Lucas 1:30). María respondió con fe, no con temor, y fue testigo del cumplimiento divino de su destino ordenado. Hasta José, con quien estaba comprometida, hizo lo que le exhortó el ángel: «*No temas* recibir a María por esposa, porque ella ha concebido por obra del Espíritu Santo» (Mateo 1:20, énfasis añadido). María y José se deshicieron del temor que sin duda sentían, y como resultado, nuestro Señor y Salvador pudo venir a este mundo.

TEMOR DEL FUTURO

La distracción fatal del temor puede entrar en nuestra vida cuando pensamos en el futuro con aprensión. Las mujeres, en especial, son vulnerables a este tipo de temor porque anhelamos estabilidad y seguridad. Los consejeros matrimoniales concuerdan en que el problema primario en los matrimonios no es la incompatibilidad de caracteres, ni tampoco la infidelidad; por el contrario, los problemas principales obedecen a las tensiones económicas. En estos días de inestabilidad económica, puede ser fácil caer presa del temor con respecto a nuestra estabilidad financiera en el futuro. Dicho temor puede hacer estragos en nuestras relaciones familiares. En el Sermón de la Montaña, Jesús dice que no debemos temer por la vida, queriendo decir que no debíamos preocuparnos por los aspectos materiales de nuestra vida. Dios se ocupa de las flores del campo y de las aves del cielo. ¿Cuánto más no se ocupará de nosotros? (Véase Mateo 6:25-34.)

El temor puede invadir nuestro corazón cuando no nos concentramos en el Dador de la vida y en las promesas que hay en su Palabra. A pesar de las circunstancias espantosas y las adversidades que se nos presenten, no cedamos ante el temor sino que confiemos en Dios y respondamos con fe ante los problemas. El autor de Hebreos refiere la respuesta de los padres de Moisés ante una situación aterradora: «Por la fe Moisés, recién nacido, fue escondido por sus padres durante tres meses, porque vieron que era un niño precioso, y no tuvieron miedo del edicto del rey» (Hebreos 11:23). Los padres de Moisés se negaron a aceptar el edicto de Faraón, antes bien obedecieron los mandatos de Dios.

Cuando dejamos que el temor se instale en nuestra vida es porque tenemos más fe en lo tangible que en lo intangible, y prestamos más atención al problema que a aquel que es la solución de los problemas. Pablo dijo: «Pues los sufrimientos ligeros y efímeros que ahora padecemos producen una gloria eterna que vale muchísimo más que todo sufrimiento» (2 Corintios 4:17). Pero esta gloria solo obra en nosotros cuando «no nos fijamos en lo visible sino en lo invisible». Pablo continúa explicando por qué deberíamos proceder así: «ya que lo que se ve es *pasajero*, mientras que lo que no se ve es *eterno*» (v. 18, énfasis añadido).

Aunque hay muchas cosas tangibles que procurarán atemorizar nuestro corazón, ¡no deberían ser en realidad amenazadoras! En cierta ocasión escuché a un conferenciante decir que los temores eran «pruebas falsas que se hacen pasar por verdaderas». En última instancia, nuestros temores están en manos de Dios; son «pruebas falsas» de que hay un problema que no puede ser solucionado... son falsas porque Dios siempre domina absolutamente la situación.

EL TEMOR DE LOS HOMBRES

La distracción fatal del temor también puede presentarse bajo la forma del temor a lo que otros pensarán e impedirnos así llevar a cabo lo que Dios nos ha encomendado. Pensemos en qué habría sucedido si Pedro y los demás apóstoles hubieran temido a lo que los judíos pensaran: nunca habrían predicado el evangelio, ¡mucho menos a los gentiles! Por el contrario, proclamaron con valor el nombre de Jesús, aun cuando fueron encarcelados por su fe. Cuando los interrogaron acerca de sus actividades «ilegales», Pedro contestó con coraje que su autoridad venía de Jesucristo. Cuando les ordenaron «que dejaran de hablar y enseñar acerca del nombre de Jesús», Pedro y Juan desecharon las precauciones (y el temor) y declararon: «¿Es justo delante de Dios obedecerlos a ustedes en vez de obedecerlo a él? ¡Júzguenlo ustedes mismos! Nosotros no podemos dejar de hablar de lo que hemos visto y oído» (Hechos 4:18-20).

Debo agregar que después de su liberación, Pedro y Juan volvieron a la iglesia e informaron lo que habían dicho y hecho. En vez de ceder ante el temor, toda la iglesia elevó sus voces a Dios en oración: «Ahora, Señor, toma en cuenta sus amenazas y concede a tus siervos el proclamar tu palabra sin temor alguno» (Hechos 4:29). No dejaron que la distracción fatal del temor echara raíces, sino que se volvieron inmediatamente a Dios, la fuente de su coraje y de sus fuerzas.

> **Cuando dejamos que el temor se instale en nuestra vida es porque tenemos más fe en lo tangible que en lo intangible, y prestamos más atención al problema que a aquel que es la solución de los problemas.**

¡Solo Dios sabe cuántos mensajes han quedado sin predicar o entregar, cuántas palabras de sabiduría y de conocimiento no se han impartido, cuántos ministerios no se han comenzado, cuántas canciones no se han cantado, cuántos viajes misioneros nunca partieron, cuántas iglesias no se abrieron ni cuántas oraciones han quedado sin pronunciar (¡y sin contestar!)... por temor! ¡Solo Dios sabe cuántas invenciones duermen en los cajones, cuántos nuevos negocios tienen las puertas cerradas, cuántos libros nunca se escribieron, cuántas personas frustraron literalmente su llamado... por temor de los hombres!

Con respecto al ministerio, el Señor toma el asunto del temor muy en serio. Jesús nos dijo: «No teman a los que matan el cuerpo pero no pueden matar el alma. Teman más bien al que puede destruir alma y cuerpo en el infierno» (Mateo 10:28) Y en el evangelio de Lucas lo expresa de esta manera: «Les voy a enseñar más bien a quién deben temer: teman al que, después de dar muerte, tiene poder para echarlos al infierno. Sí, les aseguro que a él deben temerle» (Lucas 12:5).

CONQUISTANDO EL TEMOR

Dios habló a Jeremías en el principio de su ministerio profético: «No digas: "Soy muy joven, porque vas a ir adondequiera que yo te envíe, y vas a decir todo lo que yo te ordene. No le temas a nadie, que yo estoy contigo para librarte." Lo afirma el Señor» (Jeremías 1:7-8). Dios estaba tan interesado en que Jeremías no flaqueara ante el temor de los hombres que le dijo: «Ve y diles todo lo que yo te ordene. No temas ante ellos, pues de lo contrario yo haré que sí les temas» (Jeremías 1:17).

¿Cómo podemos eliminar la distracción fatal del temor? Cuando el rey Josafat y su nación se enfrentaron a la amenaza de ser aniquilados por los reyes que con sus ejércitos luchaban contra ellos, Dios les dijo: «No tengan miedo ni se acobarden cuando vean ese gran ejército, porque la batalla no es de ustedes sino de Dios» (2 Crónicas 20:15). Dios no solo le dio a Josafat la seguridad de la victoria, le dio también una estrategia para conseguir la victoria en la batalla.

¿Cómo podemos derrotar la Distracción Fatal del temor? ¡Con alabanza!

El plan no incluía espadas ni lanzas, porque le dijo: «Pero ustedes no tendrán que intervenir en esta batalla. Simplemente, quédense quietos en sus puestos, para que vean la salvación que el Señor les dará. ¡Habitantes de Judá y de Jerusalén, no tengan miedo ni se acobarden! Salgan mañana contra ellos, porque yo, el Señor, estaré con ustedes» (2 Crónicas 20:17).

¿Cómo podemos derrotar la distracción fatal del temor? ¡Con alabanza! No podemos alabar a Dios de verdad y de corazón si al mismo tiempo el temor nos sujeta. Cuando alabamos a Dios, exaltamos y glorificamos su nombre, lo ensalzamos, salimos del campo de batalla carnal y entramos en la arena espiritual. La alabanza nos hace olvidar nuestras limitaciones, nuestra incapacidad, nuestra fragilidad y nuestras debilidades, y nos coloca en nuestro debido sitio: en las fuerzas inconmensurables y el poder ilimitado del Dios Todopoderoso.

Frente al temor, digo como David: «Cuando siento miedo, pongo en ti mi confianza» (Salmo 56:3). David reconoció que hubo momentos en que sintió miedo, pero se comprometió a confiar en Dios durante esos tiempos.

Sigue adelante, reconoce tu temor, no seas tonta y pretendas no sentirlo. Reconócelo ante el Señor, pero luego enfréntalo con la autoridad de la Palabra de Dios. Echa fuera el temor con alabanza desbordante. Admitámoslo, el temor es otra distracción fatal que el enemigo usa para engatusarnos, ¡pero no le hagas caso! El temor no te destruirá, cumplirás el propósito y el destino divino, y la gloria de Dios se manifestará en tu vida. ¡Alabado sea Dios!

CAPÍTULO 15

El rechazo

«Ven aquí, Joyce. Tengo unos tiques para comidas gratis», me llamó la maestra. Me acerqué con temor a su escritorio, sintiéndome cohibida y humillada por su tono, orando en silencio para que el resto de la clase no hubiera escuchado sus palabras.

«Tus padres te han inscripto en el programa de alimentación», dijo con frialdad. «Eso significa que tendrás derecho a comidas gratis, no tendrás que pagar por ese servicio. Te daré un tique cada semana».

Asentí y tomé el tique; deseaba que el suelo se abriera y me tragara. Giré para regresar a mi asiento, pero su mirada antipática me taladraba: «Nunca llegarás a nada en la vida» dijo con disgusto. «Siempre dependerás de algún proyecto de ayuda. Serás siempre una de esas personas con la mano extendida, que pide limosnas».

Solo pude mirarla fijamente en silencio, paralizada por el veneno que destilaba su voz. Todavía no había terminado conmigo. Respiró hondo y luego continuó a toda marcha, su pecho agitado por el odio. El tiempo parecía una eternidad, mientras recibía una diatriba sobre la irresponsabilidad de las familias que dependían de proyectos, los embarazos ilegítimos en ascenso, los divorcios, la deserción escolar, el alcoholismo, el abuso de drogas. Cuando terminó, me miró con desdén y dijo: «Puedes retirarte». Regresó a los papeles en su escritorio sin mirarme otra vez. Intenté no fijarme en las miradas burlonas de mis compañeros de clase y me dejé caer en mi asiento, con el corazón destrozado. Me habían descartado no solo por ese día sino, en cuanto dependiera de la maestra, por el resto de mi vida... y no tenía más que ocho años.

Por desgracia, era la primera vez que tenía frente a frente la horrible realidad del rechazo. Me habían puesto oficialmente una etiqueta, a partir de entonces, sería «una niña de los proyectos». Los niños de los proyectos no figuraban entre los seleccionados para los partidos, nunca eran los primeros en ninguna fila. Eran rechazados por sus compañeros de clase y, además, por los maestros. Nunca los nombraban para conducir el voto de lealtad a la bandera o para decir la oración cada mañana. Los niños de los proyectos nunca obtenían los papeles principales en las obras teatrales de la escuela porque «no tenían dinero para los trajes». Con excepción de los que descollaban en los deportes, eran considerados como no existentes.

LA DEFINICIÓN DEL RECHAZO

Cuando alguien rechaza algo, se niega a aceptar el objeto de su rechazo, cualquiera sea la forma que tome. El rechazo suele implicar «descartar a alguien o algo por considerarlo inútil o insatisfactorio», o «deshacerse o apartar el objeto rechazado».[1]

Todos aprendemos a expresar rechazo desde muy temprana edad. Piensen en el bebé de seis meses que no le agradan las arvejas en el frasco de comida para bebés, frunce la nariz y aparta la cuchara, y escupe las arvejas; o consideren al pequeño que tiene esos «terribles dos años» que rechaza la idea de dormir la siesta y grita un «¡No!» retumbante a la menor sugerencia; o la niña de cinco años que rechaza ponerse los zapatos azules con su pantalón vaquero e insiste en ponerse los rosados.

Todos decidimos qué cosas y quiénes nos agradan y qué no, y no tenemos reparo en hacer saber a otros las cosas que deseamos y cuáles rechazamos. Aunque en los niños esta conducta puede parecer «divertida», con los años aprendemos que el rechazo puede ser doloroso, especialmente si nos rechazan a nosotros.

Samuel experimentó el rechazo cuando los ancianos de la nación de Israel se presentaron ante él y le exigieron un rey para que gobernara en su lugar (1 Samuel 8:6). Le señalaron que él ya era viejo y que sus hijos no juzgaban con justicia. Las razones estaban justificadas, y creían que se debía cambiar el estado de las cosas e incorporar una nueva forma de gobierno.

Samuel se sintió algo molesto por la actitud de los ancianos. Cuando oró buscando la guía del Señor, Dios le respondió: «Considera seriamente todo lo que el pueblo te diga. En realidad, no te han rechazado a ti, sino a mí, pues no quieren que yo reine sobre ellos» (1 Samuel 8:7).

Dios había comprendido bien cuál era el verdadero problema, y al mismo tiempo, tranquilizó al profeta anciano: los ancianos no estaban rechazando el liderazgo de Samuel sino que rechazaban a Dios mismo.

A pesar de ello, cualesquiera sean los motivos de una persona, puede ser devastador que nos rechacen. Mi maestra de tercer grado me rechazaba porque mi familia era pobre, y ella deducía que por ende yo era holgazana, no valía nada, y perdía su tiempo conmigo. Basó su evaluación de mi persona en un prejuicio con respecto a los «niños de los proyectos», equiparándonos con el delito, la inmoralidad y la holgazanería.

EL PODER PARALIZANTE DEL RECHAZO

El rechazo puede convertirse en una distracción fatal por diversas razones. En primer lugar, puede debilitar emocionalmente. Proverbios 18:21 dice: «En la lengua hay poder

de vida y muerte; quienes la aman comerán de su fruto».
Las palabras duras de la maestra casi me mataron emocionalmente aquel día, y solo por la gracia, el poder y la provi-
sión de Dios pude recuperar mi salud y esperanza. Tal vez
un amigo de confianza, un padre o un esposo te ha rechazado, lo cual puede despojarte con facilidad de tu autoestima y de tu orgullo personal.

En segundo lugar, el rechazo puede ser una distracción
fatal cuando crees que es justificado, tú misma piensas que
lo mereces. Tal vez tomas decisiones en la vida basándote en
lo que te han dicho sobre tu persona en vez de depender de
lo que Dios tiene que decir sobre ti.

El rechazo puede ser doloroso, especialmente si nos rechazan a nosotros.

Mi maestra dijo que nunca saldría de
los proyectos, y le creí. Acepté que su
rechazo era válido y desde aquel
momento comencé a mirarme a través de los cristales de la maestra en
vez de tener la perspectiva de Dios.
Hay muchas mujeres en el minis-
terio que deben enfrentar el dolor de ser rechazadas una y
otra vez. A menudo se nos rechaza solo por el hecho de ser
mujeres; muchas personas no aceptan que una *mujer* predi-
que la Palabra de Dios. Declaran sin rodeos: «¡No creo que
las mujeres deban predicar!» Acto seguido, cierran sus
oídos, sus mentes y sus corazones a cualquier cosa que una
mujer en el ministerio tenga para decir. No basta con que
no reciban nuestras *palabras*, sino que el rechazo nos obliga a una guerra espiritual inmerecida e innecesaria.
Debemos enfrentar el espíritu de la crítica y el rechazo, y
luchar contra el dolor de ser rechazadas.

Lo que la Biblia dice es cierto: «Porque cual es su pen-
samiento en su corazón, tal es él» (Proverbios 23:7,
RVR60). Es imperativo reemplazar el rechazo con la
Palabra de Dios, que da y transforma vidas, la cual en

Jeremías 29:11 afirma: «Porque yo sé los pensamientos que tengo acerca de vosotros, dice Jehová, pensamientos de paz, y no de mal, para daros el fin que esperáis» (RVR60).

Sí, las palabras y las actitudes de otras personas pueden lastimarnos, pero no destruirnos. Aunque todos deseamos que nos acepten y aprecien, cuando nos toque experimentar el rechazo, lo que más importa es la opinión del Señor, porque «Dios es siempre veraz, aunque el hombre sea mentiroso» (véase Romanos 3:4).

La distracción fatal del rechazo también puede generar otras distracciones fatales como el dolor, la soledad, la ira y la amargura. Es evidente que el rechazo nos hace sufrir, y cuanto más pensemos en ese dolor, más nos desviaremos del plan de Dios para nuestra vida. El rechazo a menudo lleva a la soledad, porque nos aislamos y apartamos de los demás debido a que creemos que no somos «suficientemente buenos». El dolor y la soledad luego nos provocan ira; nos enojamos con los que nos rechazaron y también con nosotros mismos. Comenzamos a preguntarnos: *¿Por qué tienen que ser así las cosas? ¿Por qué no me quieren? ¿Qué tengo que no soy agradable?* Al final nos amargamos tanto que sentimos que la vida ha sido injusta con nosotros. Una sola de estas distracciones fatales ya es de por sí bastante mala, pero enfrentar el rechazo, el dolor, la soledad, la ira y la amargura al mismo tiempo puede ser insoportable.

UNA SALIDA

Estoy muy agradecida a Dios porque en su gracia no dejó que viviera bajo la sombra del rechazo. Las cosas comenzaron a cambiar cuando me fui a vivir con la Mamá Grande (mi abuela materna). Ella tenía el buen juicio de creer que, a pesar de nuestra pobreza y posición social, éramos parte del pueblo de Dios, ¡y ya estaba todo dicho! Mamá Grande me llenó de la Palabra de Dios y de su amor dedicado. No dejaba de decirme que era una hija del Rey y que tenía sangre real corriendo por mis venas, que crecería para ser «una mujer poderosa para el Señor». La Palabra de Dios que la llenaba de esperanza le permitió infundir esa misma esperanza en mi vida. Al pensar en mi pasado, me sorprende cómo pudo cumplir el mandato de Dios:

> Grábense estas palabras en el corazón y en la mente; átenlas en sus manos como un signo, y llévenlas en su frente como una marca. Enséñenselas a sus hijos y repítanselas cuando estén en su casa y cuando anden por el camino, cuando se acuesten y cuando se levanten.
> —DEUTERONOMIO 11:18-19

De forma lenta pero segura, gracias a su amor y por el más absoluto poder de la Palabra, Mamá Grande desterró de mi vida la distracción fatal del rechazo. ¡Cuánto le agradezco a Dios por ello! A pesar de tener todo en contra, me convertí en porrista y en la reina de la fiesta de fin de curso, y me eligieron la compañera «más popular» cuando estaba en el último año. Llegué a graduarme de la universidad y he viajado por todo el mundo. Tengo una vida enriquecida por las bendiciones, el favor y la unción de Dios.

Deja que el amor del Señor fluya en ti, mira su gloria y la gracia manifestada en tu vida.

Las bendiciones de Dios no son solo para mí, su liberación es para todos los que se vuelven a él. ¿Eres una mujer en el ministerio que lucha contra la realidad del rechazo? No te amilanes, persevera en la seguridad de tu llamado divino, no te amargues por el rechazo ni busques venganza.

Hermana en la fe, ¿te atormenta la distracción fatal del rechazo? Has aceptado las cosas despectivas que dicen de ti y concluido que si los demás te rechazan Dios también te rechaza? Por el amor de Dios y el poder y la autoridad de su Palabra te digo: «¡No lo permitas!» Dios es tu Luz, tu Salvador, tu Protector y tu Escudo. Su bandera sobre ti es amor (Cantares 2:4). Él te amó antes de que nacieras, te amó tanto que envió a su único Hijo para que muriera en tu lugar. Tú eres especial, eres preciosa para él, y eres importante en el reino de Dios. Aun si lo que han dicho sobre ti en el pasado estaba justificado, el Señor Jesucristo puede hacer nuevas todas las cosas. Él puede borrar y lo hará todo lo horrible de tu pasado y darte una vida nueva y limpia. Que hoy sea el día en que digas y creas solo en lo que Dios dice de ti, para que la Palabra de Dios destierre todo pensamiento negativo. Trae tus pensamientos para que sean cautivos de la obediencia a Cristo, como nos dice 2 Corintios 10:5. Por sobre todas las cosas, recuerda como dice Efesios 1:6 que él te ha aceptado en su Hijo amado y que «en toda nación él ve con agrado a los que le temen y actúan con justicia» (Hechos 10:35).

Dios te acepta y quiere sanarte y restaurar tus emociones dañadas. Deja que el amor del Señor fluya en ti, mira su gloria y la gracia manifestada en tu vida. ¡Levántate en el nombre de Jesús, y sean sanados tu mente, tu cuerpo y tu espíritu!

Por otra parte, exhorto a que todas seamos muy cuidadosas de las palabras que decimos a los demás. Pide a Dios que te ayude a superar tus prejuicios y preconceptos acerca de otras personas, y especialmente, usa con moderación la libertad que tienes para expresar tus opiniones. Si tienes hijos, haz como hizo Mamá Grande e impárteles continuamente la Palabra de Dios. Que sepan que son amados, no solo por Dios, sino por ti, y que son personas valiosas en tu vida. Ayúdalos a entender que Dios tiene un propósito divino y un destino para su vida, y que son especiales.

Trata bien a todas las personas, sin fijarte en su raza, credo o nacionalidad. Recuerda que todos los seres humanos fuimos creados a imagen y semejanza de Dios y que él «de un solo hombre hizo todas las naciones para que habitaran toda la tierra; y determinó los períodos de su historia y las fronteras de sus territorios. Esto lo hizo Dios para que todos lo busquen y, aunque sea a tientas, lo encuentren. En verdad, él no está lejos de ninguno de nosotros» (Hechos 17:26-27).

Procura hablar solo palabras piadosas, que sirvan de edificación. Sé un instrumento en manos de Dios para pronunciar bendiciones, no dejes que el diablo te use para pronunciar juicios y maldiciones. Recuerda, las palabras que digas pueden ser determinantes en la vida de las personas, para bien o para mal, por lo tanto, procura que sean determinantes para bien.

CAPÍTULO 16

¡La mayor distracción eres tú!

Son muchas las distracciones que desvían nuestra atención de lo que Dios quiere para nosotros: agendas ocupadas, personas «difíciles», problemas económicos, hábitos molestos de otras personas, la amenaza del terrorismo y la guerra... ¡y no nos olvidemos del drama personal de la semana! Todo nos lleva a la siguiente conclusión, incómoda pero real: la peor distracción está dentro de nosotros.

Pogo, el personaje de las tiras cómicas de los años cincuenta, afirmó: «Hemos visto al enemigo y ¡somos nosotros!»[1] El apóstol Pablo expresó el mismo sentimiento en Romanos 7:22-25:

> Me encanta hacer la voluntad de Dios, en cuanto depende de mi nueva naturaleza; pero en lo más hondo de mi ser, en mi naturaleza pecaminosa, estoy en guerra con mi mente, que de ganar esa lucha me hace esclavo del pecado que todavía tengo en mi ... ¿Quién me librará de la esclavitud de esta naturaleza pecaminosa y mortal? Gracias a Dios porque Jesucristo mi Señor me libró (traducido de la versión TLB).

Todas las distracciones fatales consideradas en este libro pueden destruirte, pero solo si lo permites. Puede ser, entonces, que tú seas la única distracción que tienes en contra.

169

¿Conoces la expresión que dice que una persona «es su peor enemigo»? ¡Pues, es cierto! Si pasas todo el tiempo pensando en cosas negativas o manteniendo conductas y hábitos autodestructivos, quizás tú misma te conviertas en tu peor enemiga. Concentrarte en las vidas ajenas en vez de desarrollar la propia es como sentarse en las gradas en vez de salir al campo a jugar con el equipo; además, es desperdiciar la vida. No deberíamos ocupar demasiado tiempo controlando lo que hacen los demás. Si todo lo que hago es mirar la vida de otros para intentar vigilar sus asuntos, sucederá una de dos cosas: comenzaré a competir para ser más que ellos, o me creeré superior a todos.

Las distracciones fatales pueden destruirte, pero solo si lo permites.

Pablo criticó a las personas que se concentraban demasiado en otros:

> No nos atrevemos a igualarnos ni a compararnos con algunos que tanto se recomiendan a sí mismos. Al medirse con su propia medida y compararse unos con otros, no saben lo que hacen.
>
> —2 CORINTIOS 10:12

Es indudable que Pablo comprendía la naturaleza humana. Lo que implicaba era que cuando nos comparamos con otros y pensamos que somos mejores que ellos, «no sabemos lo que hacemos»... ¡somos *tontos*!

No basta con reconciliarse con *otras personas*, ¡debemos reconciliarnos con *nosotros* mismos! Dejemos de preocuparnos de los demás y hagamos algo que valga la pena con nuestra vida. *Elegir la vida* depende de nosotros. Dios dejó esto bien claro en Deuteronomio 30:15,19:

Hoy te doy a elegir entre la vida y la muerte, entre el bien y el mal ... Hoy pongo al cielo y a la tierra por testigos contra ti, de que te he dado a elegir entre la vida y la muerte, entre la bendición y la maldición. Elige, pues, la vida, para que vivan tú y tus descendientes.

¿No es bueno que Dios siempre tenga la respuesta debida? Si no sabías qué elegir, él te dice: *¡Elige la vida!* La palabra *elegir* implica una decisión de parte nuestra; es nuestro turno. Mamá Grande solía decirme que al cielo no se llegaba por casualidad, sino que debíamos proponernos vivir bien para poder llegar allí. Todos necesitamos hacer algo que valga la pena, y *podemos elegir qué vida vale la pena*. Tal vez tengamos que pasar por diversas pruebas antes de entender el verdadero significado de esto.

LA ESCUELA ESPIRITUAL DE LA OBEDIENCIA

Cuando las personas compran un cachorro a veces lo mandan a una escuela de obediencia para que aprenda a obedecer las órdenes de su dueño. Del mismo modo, Dios nos envía a su «escuela de obediencia». En Hebreos 5:7-9 vemos que hasta Jesús aprendió la obediencia en esta escuela:

En los días de su vida mortal, Jesús ofreció oraciones y súplicas con fuerte clamor y lágrimas al que podía salvarlo de la muerte, y fue escuchado por su reverente sumisión. Aunque era Hijo, mediante el sufrimiento aprendió a obedecer; y consumada su perfección, llegó a ser autor de salvación eterna para todos los que le obedecen.

Si bien todos sabemos lo que es una «escuela», tal vez tengamos algún problema con la definición de obediencia. La *obediencia* es «la acción o el efecto de obedecer». *Obedecer* significa «hacer las indicaciones o preceptos que manda una persona; conformarse o cumplir con algo; ser obediente».[2] No aprendemos obediencia en una escuela «natural», como las escuelas de obediencia para entrenar cachorros u otras similares a nuestra escuela secundaria o universidad. Se trata de una escuela *espiritual*, no hecha de manos humanas: su Constructor y Hacedor es Dios. Él determinará cuándo tenemos que asistir a esta escuela, y solo él nos asignará los cursos que haremos. Esta escuela nos dará un «diploma» de verdadero testimonio y el «título» de una profunda experiencia con Dios.

En la escuela de la obediencia, Dios «poda las ramas»: aprendemos a prescindir de *nuestra* propia mentalidad, *nuestras* propias ideas, *nuestra* propia manera de hacer las cosas, y aprendemos a decir en verdad: «Señor, ¿qué quieres que haga?»

Cuando estamos en la escuela de la obediencia, podemos leer la promesa de Jeremías 33:3, que dice: «Clama a mí y te responderé, y te daré a conocer cosas grandes y ocultas que tú no sabes». El Salmo 91:15 nos dice: «Él me invocará, y yo le responderé; estaré con él en momentos de angustia; lo libraré y lo llenaré de honores».

Pablo en muchos pasajes nos exhorta: «Hermanos, no quiero que ignoren ...» En otras palabras, ¡Dios quiere que sepamos lo que pasa! Tenemos *necesidad* de instrucción, pero Dios puede, está pronto y quiere instruirnos.

¿Cuántos de nosotros nos hemos perdido ¿o casi perdido? sanidades, liberaciones y bendiciones porque pensábamos que debían ser hechas de *determinada* manera? El hecho de que *necesitemos* que Dios nos instruya debería bastar para entender que no estamos en posición de esperar ni exigir que estas cosas sucedan de una forma específica.

Cuando dices que quieres que Dios te hable, ¡él te hablará! Ahora, si exiges que te hable de determinada manera ?a tú manera? no podrás escuchar lo que él tiene para decirte. Dios tal vez te hable por medio de tu pastor todos los domingos en la mañana, o cuando estás en el estudio bíblico los miércoles por la noche. Dios puede hablarte por medio de un conferenciante, o quizás por boca de tu hijo o de tu hija adolescente. Te puede aun hablar a través de la vida y el ejemplo de otros hermanos creyentes.

Para aprender bien qué hacer con la distracción interna que representa tu propia persona, necesitarás pasar por la escuela de la obediencia. Los problemas pueden ser muy graves, pero la solución final está en cómo *tú* superas los problemas. Una vez que enfrentes el problema interno de *tu persona*, los demás problemas serán más fáciles de solucionar.

> **Una vez que enfrentes el problema interno de *tu persona*, los demás problemas serán más fáciles de solucionar.**

EL PROBLEMA INTERNO: TÚ

Hay algunas maneras de enfrentar las dificultades que no solo nos impiden *solucionar* el problema, sino que además, lo agravan. Cuando Jesús fue arrestado en el huerto de Getsemaní, Pedro respondió impulsivamente y cortó con su espada la oreja de un soldado (Mateo 26:51). Hubiera sido el fin de Pedro si el soldado hubiese decidido atacar. Jesús le dijo a Pedro: «Vuelve tu espada a su lugar; porque todos los que tomen espada, a espada perecerán» (Mateo 26:52). Pedro no supo solucionar su problema; hizo lo único que sabía hacer... respondió en la carne.

Pedro no estaba equipado para solucionar este problema porque, entre otros motivos, todavía no había recibido el bautismo del Espíritu Santo, por lo que recurrió a un arma física y carnal. Hoy contamos con una ventaja porque hemos recibido el bautismo del Espíritu Santo, pero si no cedemos el dominio de nuestra vida al Espíritu, también usaremos armas carnales. En 2 Corintios 10:3-4 leemos:

> Pues aunque vivimos en el mundo, no libramos batallas como lo hace el mundo. Las armas con que luchamos no son del mundo, sino que tienen el poder divino para derribar fortalezas.

LA METAMORFOSIS DIVINA

Puedes regocijarte a pesar de los problemas que enfrentes, porque las armas en tu arsenal son poderosas. Además, cuando aprendas a dejar de lado la distracción interna que eres *tú*, podrás usar con más eficacia esas armas para el reino de Dios. Comienza a crecer en el conocimiento de Dios y aprende quién eres en él.

La divina metamorfosis de Dios nos transforma y echa fuera los rasgos indeseables de nuestra personalidad.

Como el gusano que se envuelve en el capullo para luego salir como una hermosa mariposa, deja que Dios obre una «metamorfosis divina» en ti. Cuando esta metamorfosis divina opere en tu interior, dejarás de ser una distracción interna para ti, y los atributos que Dios quiere mostrar en tu vida darán fruto.

¿Cómo tiene lugar esta metamorfosis divina en nuestra vida actual? ¡Cuando vemos la gloria del Señor! Piensen en las palabras de 2 Corintios 3:18: «Así, todos nosotros, que con el rostro descubierto reflejamos como en un espejo la gloria del Señor, somos transformados a su semejanza con más y más gloria por la acción del Señor, que es el Espíritu».

La divina metamorfosis de Dios nos transforma y echa fuera los rasgos indeseables de nuestra personalidad, reemplazándolos con las cosas de Dios. Somos transformados *a su imagen*. Dios creó al hombre a su imagen, como leemos en Génesis 1:27, pero esa imagen original se ensució cuando el pecado entró en el mundo.

Nadie puede pasar un tiempo *provechoso* en la presencia de Dios y no ser *transformado*. No podemos realmente tener un tiempo de comunión en su presencia y, acto seguido, darnos vuelta y murmurar contra otros, mentir o tener palabras duras e impías hacia los demás. Esta contradicción se trata en Santiago 1:10-12:

> De una misma boca salen bendición y maldición. Hermanos míos, esto no debe ser así. ¿Puede acaso brotar de una misma fuente agua dulce y agua salada? Hermanos míos, ¿acaso puede dar aceitunas una higuera o higos una vid? Pues tampoco una fuente de agua salada puede dar agua dulce.

El tiempo que pasemos en compañía de Dios se reflejará en nuestro ser porque seremos más como él es.

Cuando experimentamos la metamorfosis divina, *cambia* nuestro ser interior. Los cambios exteriores son como reacomodar los muebles en una habitación. Es posible colocar cortinas nuevas y sustituir la alfombra por otra de un color diferente pero... *la habitación es siempre la misma*. Asegúrate de que tu metamorfosis personal sea *interior*, que es donde realmente importa, donde realmente vale.

Sé realista cuando consideres la distracción interna que eres *tú*, y no endulces nada de lo que el Espíritu Santo te revele. Este debe ser un momento clave en tu vida, el punto en el tiempo cuando ocurra algo profundo, estremecedor y aun revolucionario en tu vida. Nunca más serás la misma persona.

CONCLUSIÓN

La función vital de la mujer en el reino

CONCLUSIÓN

E stamos en los días finales del cronograma de Dios para este mundo, pero también estamos en el minuto antes de la medianoche en el marco temporal de nuestra vida como individuos. No tenemos tiempo para desperdiciar distrayéndonos, ya se trate de distracciones fatales o no. Las mujeres tenemos una función vital en el plan de salvación. Las mujeres debemos cumplir un papel fundamental en la liberación de nuestras familias. Desempeñamos una función vital en el ministerio a otras mujeres y a todo el cuerpo de Cristo. El apóstol Pedro, el día de Pentecostés, proclamó: «En realidad lo que pasa es lo que anunció el profeta Joel: "Sucederá que en los últimos días, dice Dios, derramaré mi Espíritu sobre todo el género humano. Profetizarán sus hijos y *sus hijas*..."» (Hechos 2:16-17, énfasis añadido). Las mujeres no podemos permitirnos el lujo de quedarnos atrás, desviarnos o distraernos de nuestro destino. Hasta un desvío corto puede ser fatal para los que nos siguen, así como para las generaciones en riesgo que serán impactadas por nuestro ministerio.

Según el mundo, «el conocimiento es poder». Esto es también verdad en el reino espiritual. El diablo desea mantener bien ocultos sus artificios. Sin embargo, el apóstol Pablo escribió: «...que Satanás no se aproveche de nosotros, pues no ignoramos sus artimañas» (2 Corintios 2:11).

A veces estas artimañas pueden ser *externas*, en cuyo caso no suelen ser fatales. Un matrimonio infeliz o el dolor de estar unidas en yugo desigual no nos desviarán de nuestro desti-

Las mujeres no podemos permitirnos el lujo de quedarnos atrás, desviarnos o distraernos de nuestro destino.

no; tampoco que no nos amen, como fue el caso de Lea; ni el ser parte de una relación de maltrato, como la de Abigail; el trabajo, la salud o la responsabilidad hacia nuestros padres ancianos no podrán presionarnos tanto que olvidemos a Dios y el propósito para nuestra vida. Por el contrario, lo que sí puede frustrar nuestro futuro solo puede venir de dentro: de *nosotros* mismos.

Si te enfrentas a una distracción fatal, dedica un tiempo ahora, mientras las aguas de tu espíritu se arremolinan, para presentarte ante Dios e invocar:

Padre, en el nombre de Jesús, confieso ahora mis distracciones. Me libro de ellas, porque sé que puedo poner a tus pies mis preocupaciones, ya que tú cuidas de mí. Creo que todo lo que ponga en tus manos dejará de ser un problema para mí. Señor, anula el poder que estas distracciones ejercen sobre mí, y no permitas que nunca más me estorben. Ante cualquier distracción externa que haya en mi vida mi trabajo, una relación enfermiza, problemas de salud, adicciones, apremios económicos, experiencias de la infancia, familias problemáticas o incluso maldiciones ancestrales y generacionales, por la autoridad de la Palabra de Dios y porque me amas incondicionalmente, ¡me declaro vencedora! Señor, renuncio a mis caminos y me entrego a tu Camino. Con gozo y expectativa comienzo el viaje a mi destino contigo, con la certeza de que no hay lugar más seguro que la senda que tú tienes para mi vida.

Dios, en este momento me lleno de valor para enfrentar mis distracciones internas. Las llamo por su nombre. Me miro en verdad y confieso que he sido mi propia «distracción fatal». Veo los defectos que podrían haber sido fatales pero que, por tu gracia y misericordia, ahora tengo la oportunidad de sanar. Mis distracciones internas son el egoísmo y sus parientes; la envidia y los celos; la soledad y el aislamiento; la ira; la amargura; el sufrimiento; el temor; el rechazo; yo misma.

Confío en que al librarme de estas distracciones negativas, encaminarás mi vida y mi futuro al «fin que esperamos», como has prometido en Jeremías 29:11.

Señor, gracias por hacer las cosas nuevas en mí. Gracias por darme pruebas de tu amor, otra vez. Gracias por encaminar mis pasos en tu senda para mi destino. Gracias por la restauración, el propósito y la sanidad.

En el nombre de Jesús, oro por todas estas cosas. Amén.

Ahora que el poder del Espíritu Santo te ha librado de toda distracción, declaro tu vida limpia y plena. *Serás* una persona con propósito. *Mantendrás* la mirada en Dios. *Usarás* tus dones y llevarás a cabo el llamado que Dios te ha dado. El Espíritu de Dios despertará los dones que ha puesto en ti y marcharás junto al gran ejército de mujeres que cumplen la voluntad de Dios y hacen su obra para el reino.

Haz tuya la siguiente confesión, y participa de la obra que Dios hace por medio de las mujeres en la tierra.

> Nunca más me distraeré. No miraré ni a la izquierda ni la derecha. Fijaré la mirada en Jesús que es el Autor y Consumador de mi fe. Mi mirada está puesta en la cruz. Mis ojos están en el premio del llamado divino de Dios, que es en Cristo Jesús. Me espera un futuro glorioso, lleno de propósito y poder. Fui creada en el temor y la hermosura de Dios, y soy todo lo que Dios me ha llamado a ser. Tengo poder. Lucho por su propósito. Restauro los vínculos.
>
> Soy una embajadora de Cristo. Tengo un destino, ¡nada me distraerá de él!

Notas

INTRODUCCIÓN
Distracción fatal

1. «For the Media: Women's Health Statistical Information: Leading Causes of Death for American Women by Racial/Ethnic Group (2000)» [Para los medios: Información estadística de la salud de las mujeres: Principales causas de muerte de las mujeres en los Estados Unidos, según grupo racial y étnico (2000)], The National Women's Health Information Center, 4woman.gov. Tomado de la Internet el 3 de julio de 2003 de la página www.4woman.gov/media/chart.htm. También «For the Media: Women's Health Statistical Information» [Para los medios: Información estadística de la salud de las mujeres], The Nacional Women's Health Information Center, 4woman.gov. Tomado de la Internet el 3 de julio de 2003 de la página www.4woman.gov/media/statinfo.htm.

CAPÍTULO I
Un minuto antes de la medianoche

1. Manuel Seco et al, *Diccionario abreviado del español actual*, Grupo Santillana de Ediciones, Madrid, España, 2000.

CAPÍTULO 2
Modelos familiares disfuncionales: La herencia de Lea

1. Nueva Versión Internacional, Sociedad Bíblica Internacional © 1999, Editorial Vida, Miami, Florida, nota al pie de página, «Rubén».
2. Ibíd., «Simeón».

3. Ibíd., «Leví».
4. Ibíd., «Judá».

Capítulo 3
Preocupaciones laborales:
El «síndrome de Marta»

1. Tracee Cornforth, «Stress and Your Health» [El estrés y la salud]. Tomado de la Internet el 8 de julio de 2003 de la página http:/womenshealth.about.com/library/weekly/aa051799.htm.

Capítulo 6
Problemas en el matrimonio:
La actitud positiva de Abigail

1. 1 Samuel 25:25.

Capítulo 9
La envidia y los celos

1. Merriam-Webster's Collegiate Dictionary, s. v. «envidia».
2. Ibíd.
3. Ibíd., s.v. «envidia».

Capítulo 10
La soledad

1. Merriam-Webster's Collegiate Dictionary, s. v. «solo, sola».
2. Ibíd.

Capítulo 11
La ira

1. Merriam-Webster's Collegiate Dictionary, s. v. «ira».
2. Ibíd., s.v. «antagonismo».
3. Ibíd., s.v. «ira».
4. Ibíd., s.v. «furia».

CAPÍTULO 12
La amargura

1. Merriam-Webster's Collegiate Dictionary, s. v. «amargo».
2. Ibíd., s.v. «amargura».

CAPÍTULO 13
El sufrimiento y el quebranto

1. Merriam-Webster's Collegiate Dictionary, s. v. «dolor».
2. Ibíd.
3. Ibíd., s.v. «quebranto».
4. Ibíd., s.v. «pena».
5. «It is Well With My Soul» [Alcancé salvación], Horatio G. Spafford. Dominio público.
6. Merriam-Webster's Collegiate Dictionary, s. v. «pena».

CAPÍTULO 14
El temor

1. Merriam-Webster's Collegiate Dictionary, s. v. «temor».
2. Ibíd., s.v. «miedo».

CAPÍTULO 15
El rechazo

1. Merriam-Webster's Collegiate Dictionary, s. v. «rechazo».

CAPÍTULO 16
¡La mayor distracción eres tú!

1. Walt Nelly, creador de Pogo, «Quote Me On It...» Tomado de la Internet el 18 de julio de 2003, www.quotemeonit.com/enemy.html.
2. Merriam-Webster's Collegiate Dictionary, s. v. «obedecer», «obediencia».

DISFRUTE DE OTRAS PUBLICACIONES DE EDITORIAL VIDA

Desde 1946, Editorial Vida es fiel amiga del pueblo hispano a través de la mejor literatura evangélica. Editorial Vida publica libros prácticos y de sólidas doctrinas que enriquecen el caudal de conocimiento de sus lectores.

Nuestras Biblias de Estudio poseen características que ayudan al lector a crecer en el conocimiento de las Sagradas Escrituras y a comprenderlas mejor. Vida Nueva es el más completo y actualizado plan de estudio de Escuela Dominical y el mejor recurso educativo en español. Además, nuestra serie de grabaciones de alabanzas y adoración, Vida Music renueva su espíritu y llena su alma de gratitud a Dios.

En las siguientes páginas se describen otras excelentes publicaciones producidas especialmente para usted. Adquiera productos de Editorial Vida en su librería cristiana más cercana.

Vida

DEDICADOS A LA EXCELENCIA

Una vida con propósito

Rick Warren, reconocido autor de *Una Iglesia con Propósito*, plantea ahora un nuevo reto al creyente que quiere alcanzar una vida victoriosa. La obra enfoca la edificación del individuo como parte integral del proceso formador del cuerpo de Cristo. Cada ser humano tiene algo que le inspira, motiva o impulsa a actuar a través de su existencia. Y eso es lo que usted podrá descubrir cuando lea las páginas de *Una vida con propósito*.

0-8297-3786-3

Nos agradaría recibir noticias suyas.
Por favor, envíe sus comentarios sobre este libro a la
dirección que aparece a continuación.
Muchas gracias

Editorial Vida
7500 NW 25 Street Suite # 239
Miami, Fl. 33122

Vidapub.sales@zondervan.com
http://www.editorialvida.com